VANESSA HENN

SAME SAME

DCV

WALKIE TALKIE [HOMMAGE Á ISA]
2022
STAHL, MARMOR

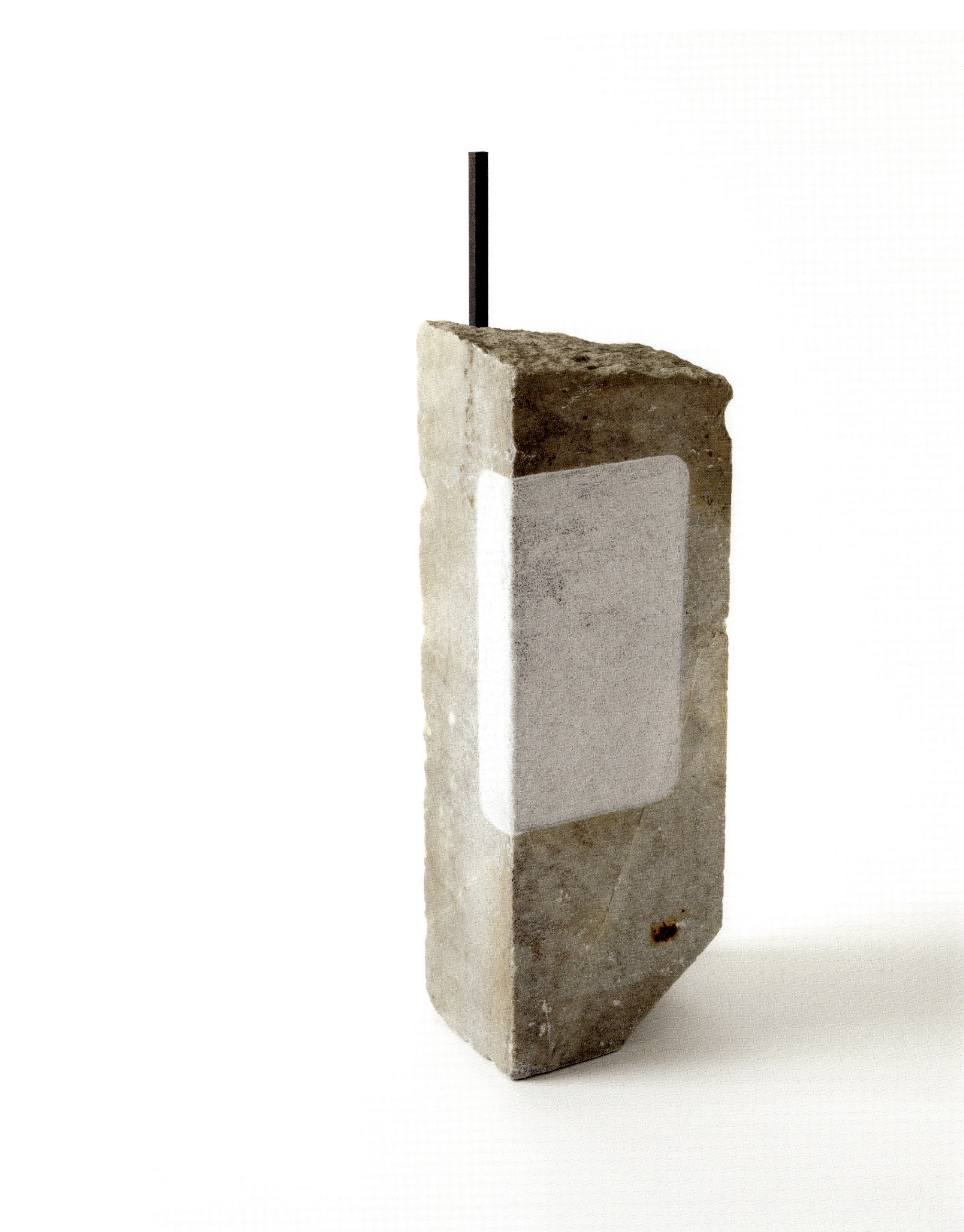

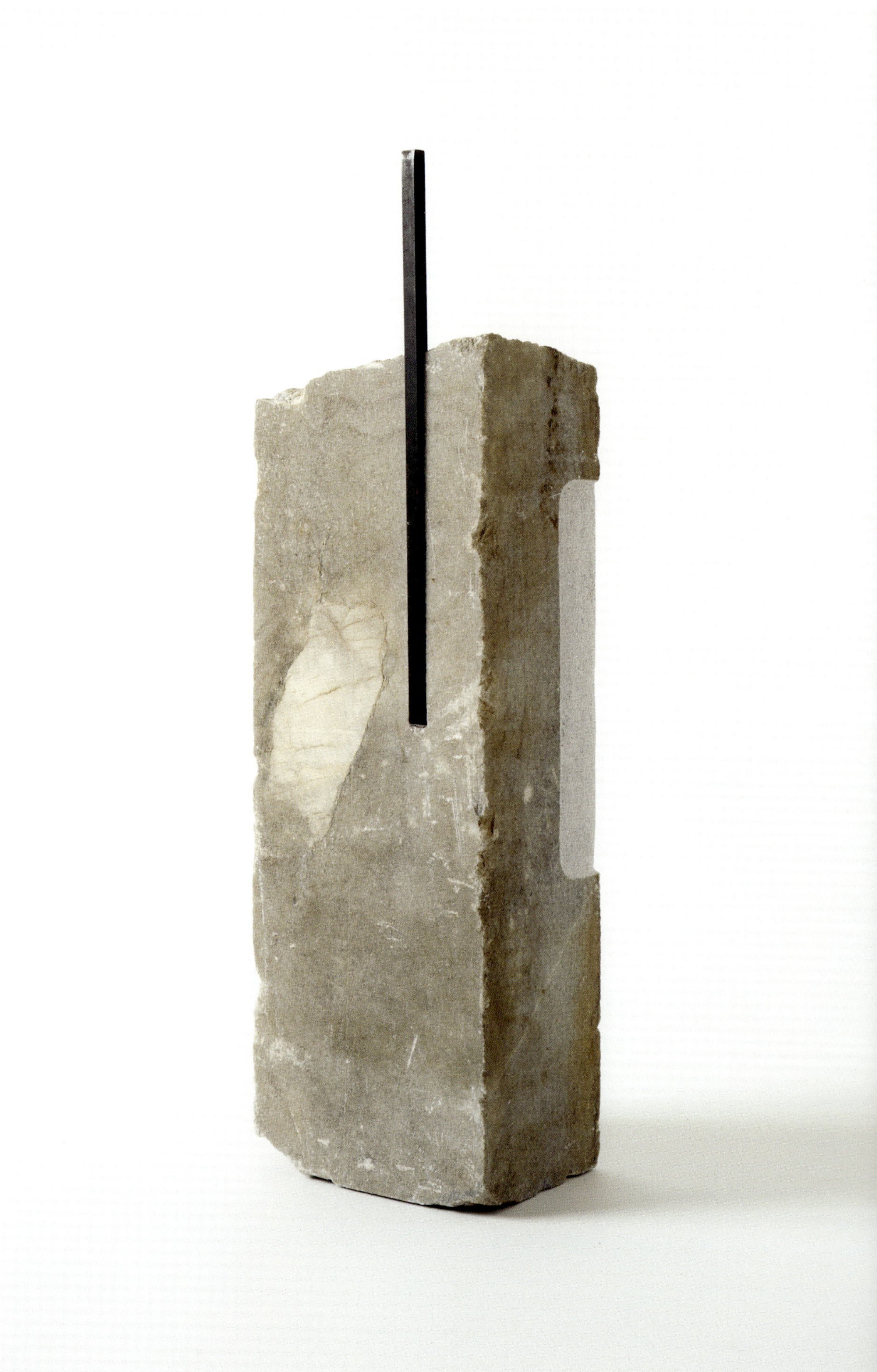

PARTS OF THE GAME
2020
STAHL, PVC

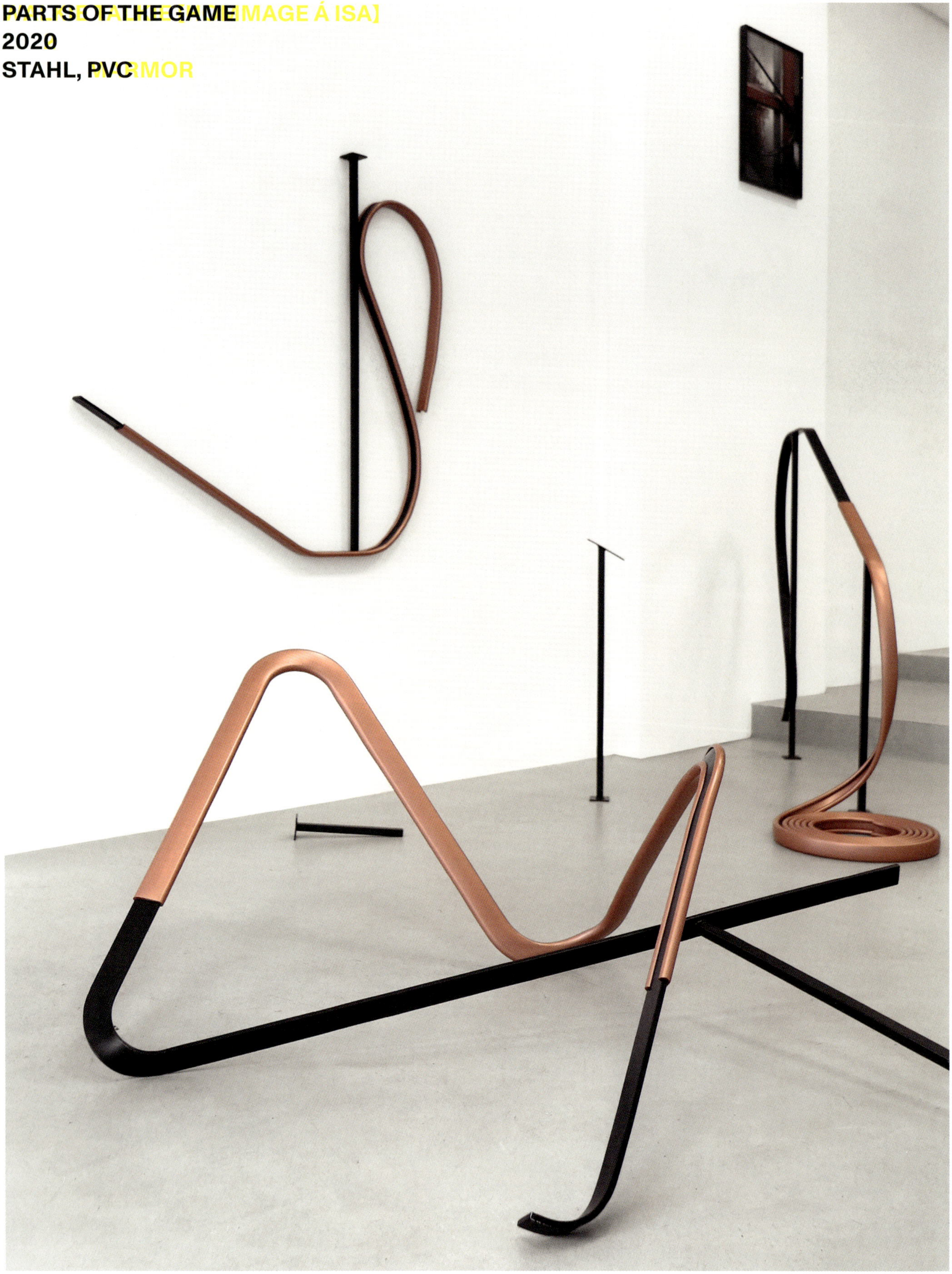

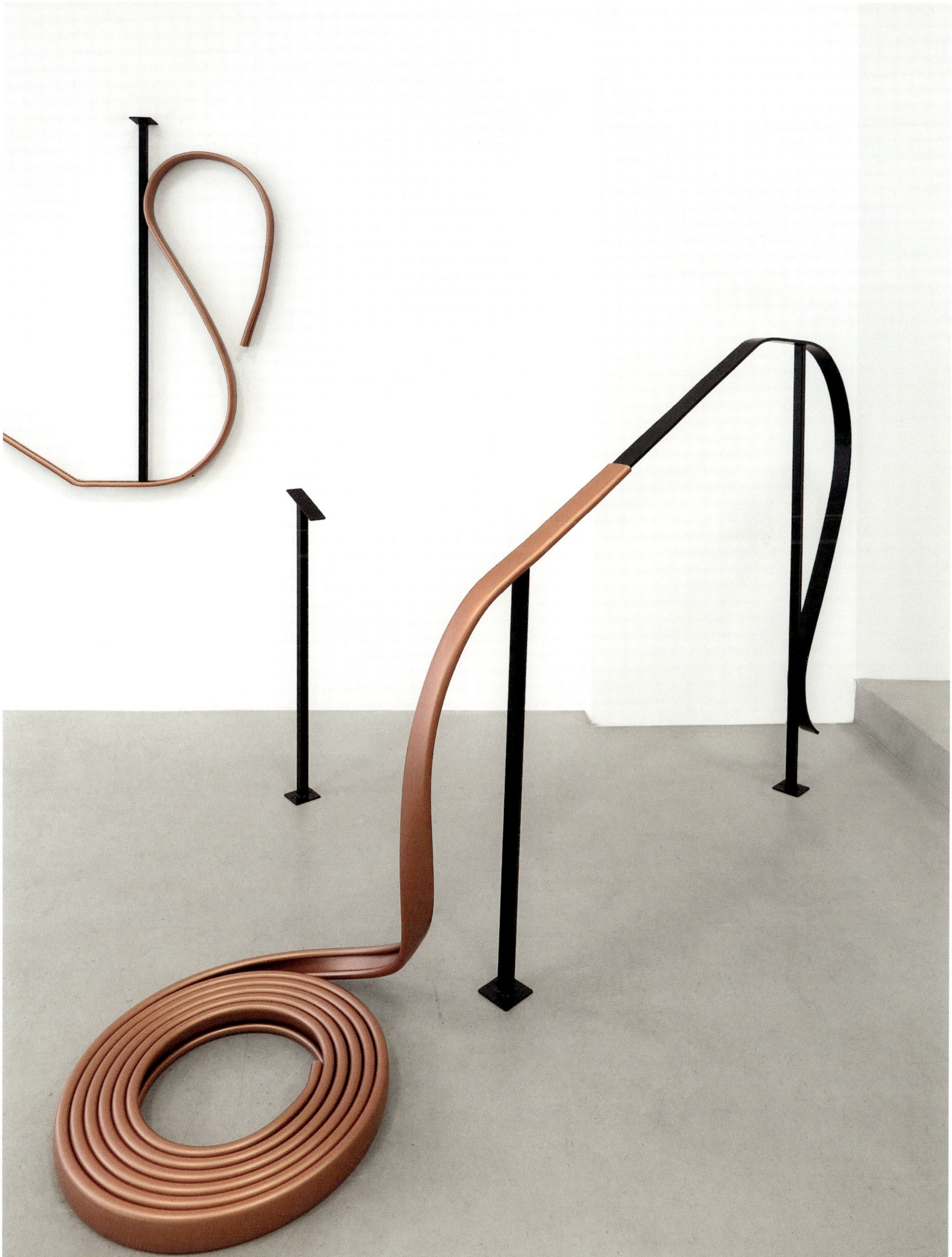

SLOPEY JOE
2020
STAHL, PVC, BETON

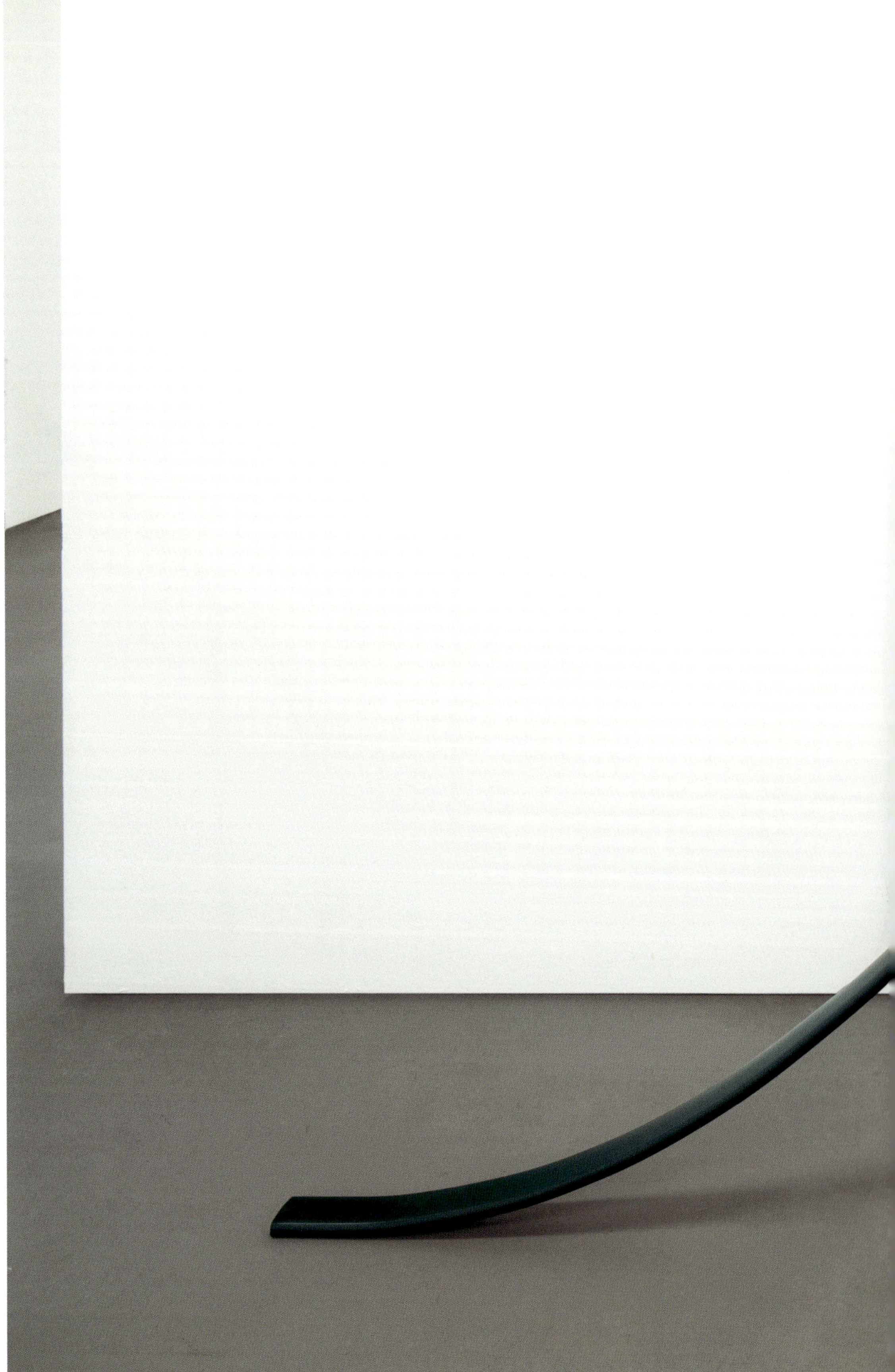

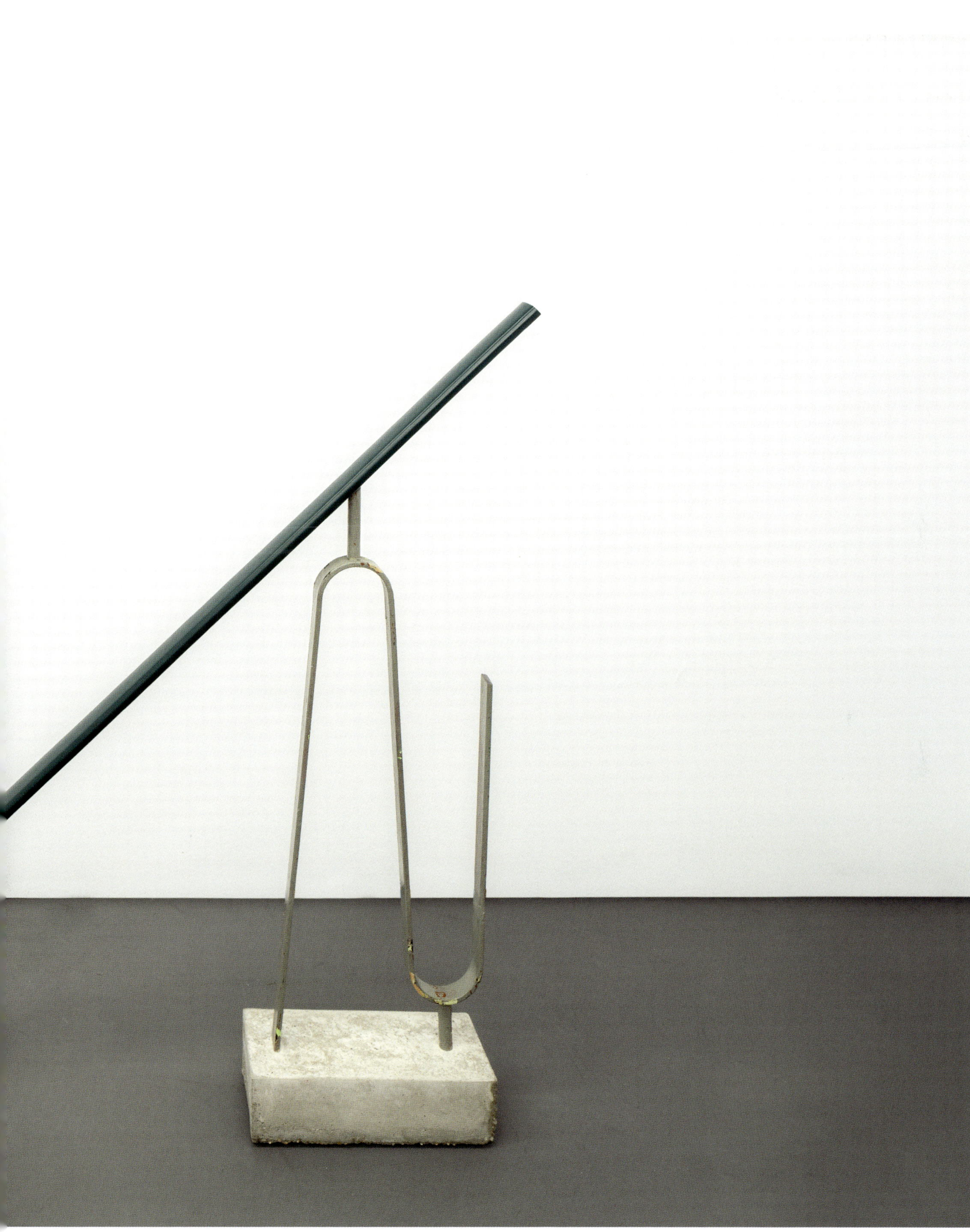

COLD FACT_1 – 2
2020
CYANOTYPIEN AUF BÜTTENPAPIER

CROSS
2019
STAHL

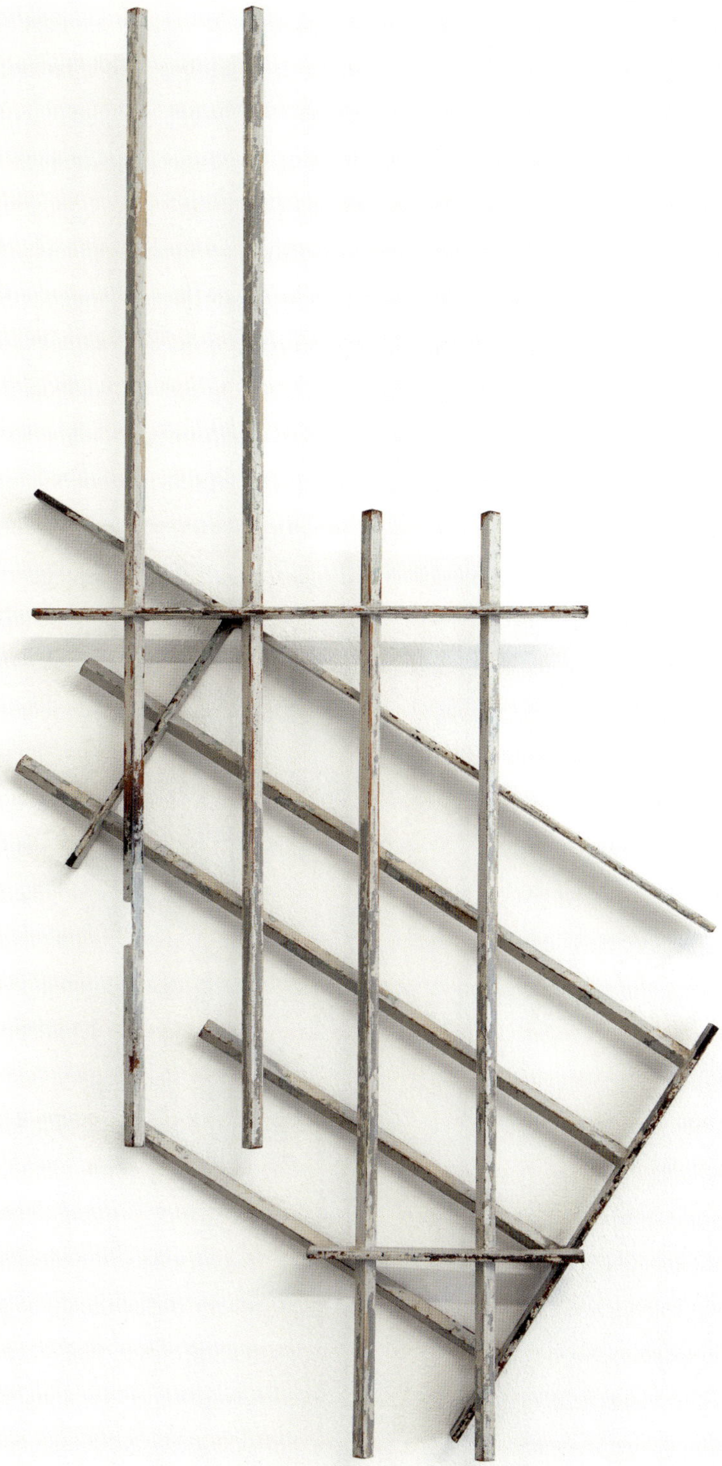

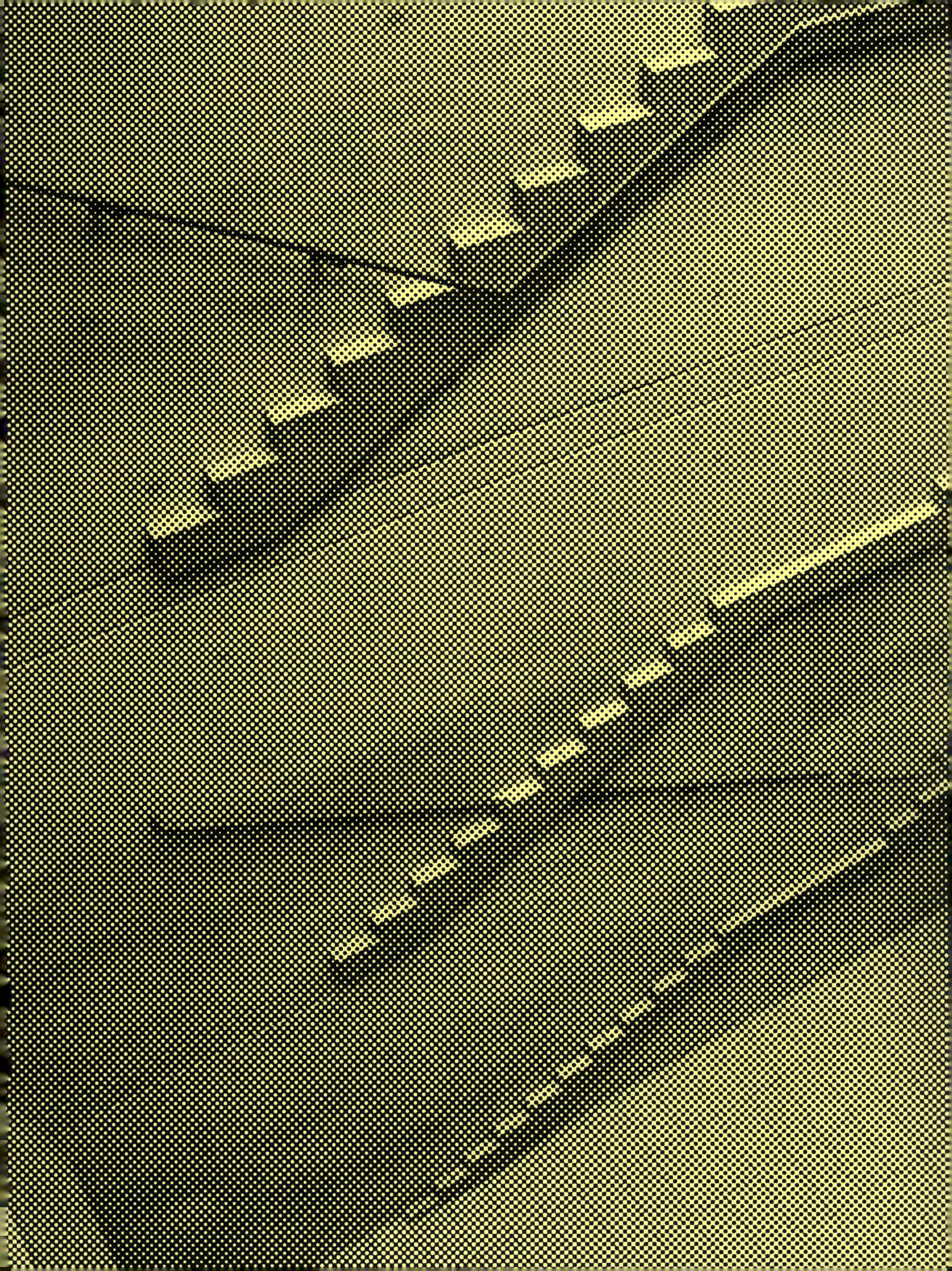

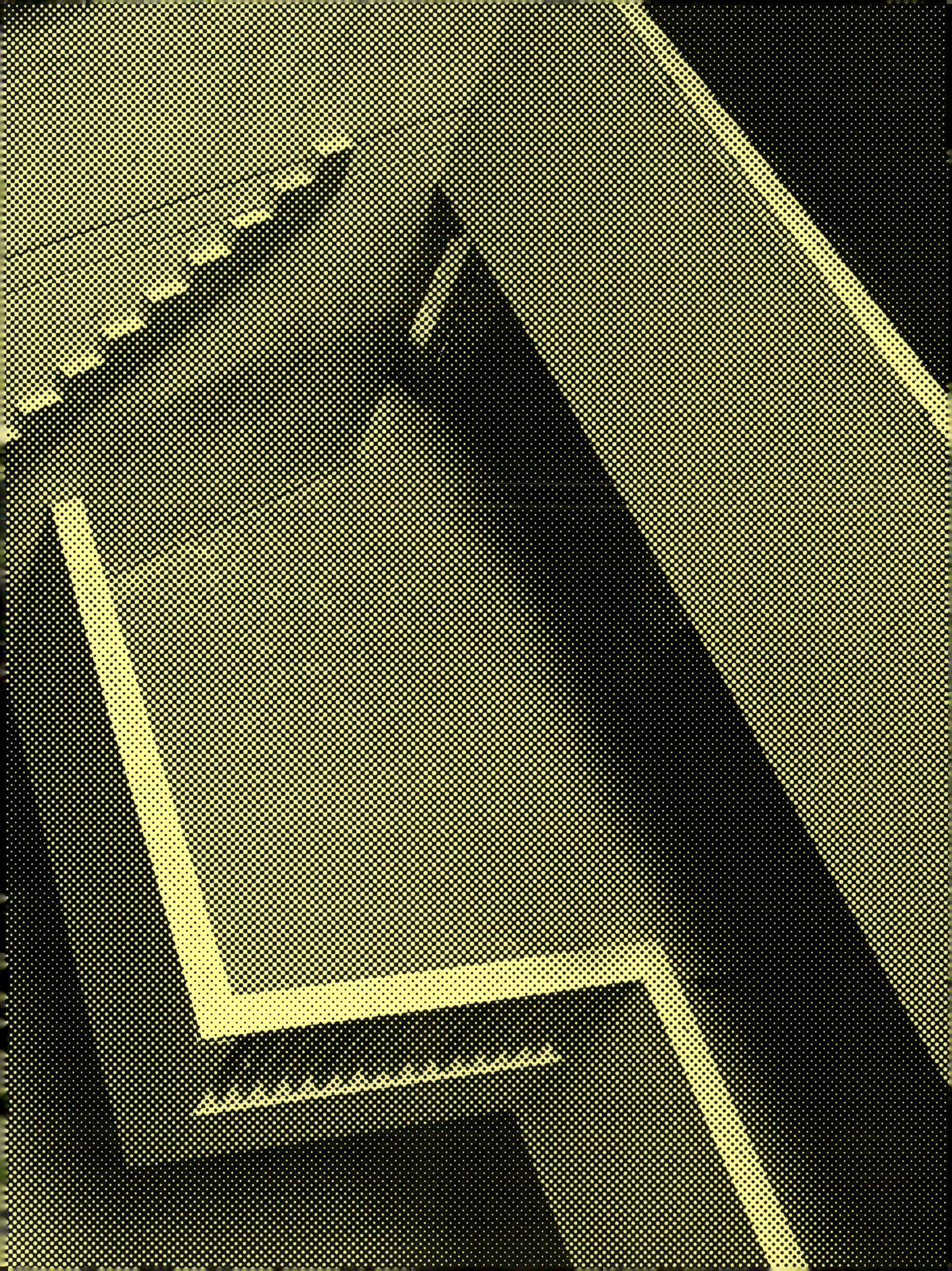

SIMONE SCHIMPF

VORWORT

Vor gut zwanzig Jahren sah ich zum ersten Mal Werke von Vanessa Henn und war verblüfft von der Klarheit und der Konsequenz, mit der sie mit dem alltäglichen Objekt Geländer umging und daraus eine Linie im Raum entwickelte. Mit Leichtigkeit und Humor griff sie ein genormtes und überreglementiertes Thema der Architektur auf und machte daraus freistehende oder an die Wand montierte Skulpturen.

Im Jahr 2020 ergab sich die passende Gelegenheit, Vanessa Henn zu einer Ausstellung ins Museum für Konkrete Kunst nach Ingolstadt einzuladen. Sie erschuf zwei unvergessliche Arbeiten! Eine am Handlauf unserer Fluchttreppe im Außenraum und ein aufgesprengtes Geländer im Innenraum. Beide Werke waren präzise für den Ort erdacht und bewiesen erneut, wie gut die Künstlerin mit unterschiedlichen Ausgangslagen umgehen kann.

An einem neuralgischen Punkt der Architektur greift Vanessa Henn ein und befreit Handläufe oder Gitter von ihrem Nutzen und überführt sie in eine dreidimensionale Zeichnung. Jüngst hat sie diesen Ansatz inmitten eines Tessiner Steinbruchs erneut übertroffen: An einer scheinbar unerreichbar hohen Marmorwand lädt ein türkisfarbener Balkon zum Verweilen ein. Nein, der Schein trügt. Es ist nur das vermeintliche Gitter eines Balkons. Stattdessen ruft Vanessa Henn die Erinnerung an enge italienische Gassen mit schmalen Balkonen wach und ermöglicht zugleich ein Schatten- und Farbspiel von verträumter Eleganz [VON HIER AUS KANN ICH DAS MEER SEHEN] [2022]. Urbanes Leben und von Menschenhand bearbeitete Natur fin#den hier einen versöhnlichen Moment. Während einer sechsmonatigen Künstlerresidenz am Centro Internazionale di Scultura Peccia in der Schweiz entstanden zahlreiche neue Arbeiten, die einen neuen Werkabschnitt markieren.

Vanessa Henn hat über all die Jahrzehnte ein präzises und abwechslungsreiches Werk geschaffen. Aus Einzelwerken entstanden neue Impulse für Editionen und Papierarbeiten, für Kunst am Bau und Installationen. Es ist dringend an der Zeit, einen aktuellen Überblick zu geben. Die Konzentration liegt dabei auf den letzten fünf Jahren [2019–2023]. Im vergleichenden und ‚blätternden' Sehen der Zugewandten erschließt sich die ganze Stringenz ihres Arbeitens.

Gemeinsam mit der Künstlerin möchte ich mich bei allen Förder*innen bedanken, die diese Publikation ermöglicht haben. Die treffende Gestaltung ist dem Studio Jung in Zusammenarbeit mit Gilbert Schneider zu verdanken. Besonders herzlicher Dank gilt Ralf Christofori, der als profunder Kenner ihres Werks die inhaltliche Reflexion liefert.

SIMONE SCHIMPF

FOREWORD

When I first encountered Vanessa Henn's work some twenty years ago, I was struck by the clarity and consistency with which she treated the everyday object of a railing and used it to form a line in space. She took a standardised and much regulated architectural element and used it with ease and humour to make stand-alone or wall-mounted sculptures.

In 2020, the perfect opportunity arose to invite Vanessa Henn to exhibit at the Museum für Konkrete Kunst in Ingolstadt. She created two unforgettable pieces! One on the handrail of our external emergency staircase and a blasted railing inside. Both works were conceived specifically for the site and demonstrated how well the artist can engage with different points of departure.

Vanessa Henn intervenes at a neuralgic point in architecture, releasing handrails or grilles from their function and transforming them into three-dimensional drawings. Recently, she outdid herself in the middle of a quarry in Ticino: on a seemingly inaccessible high marble wall, a turquoise balcony invites you to linger. No, appearances are deceptive. It is only the supposed grille of a balcony. Instead, Vanessa Henn evokes memories of narrow Italian alleys with small balconies while offering an interplay of shadows and colours of languid elegance [FROM HERE I CAN SEE THE SEA] [2022]. Urban life and human-cultivated nature find a moment of reconciliation here. The many new works created during a six-month residency at the Centro Internazionale di Scultura Peccia in Switzerland mark a new phase in the artist's practice.

Over the decades, Vanessa Henn has created a precise and varied body of work. Individual artworks have generated new ideas for editions, works on paper, art-in-architecture and installations. It is high time to take stock. The focus here is on the last five years [2019–2023]. The full rigour of her work unfolds through the viewer's comparative and 'browsing' gaze.

Together with the artist, I would like to thank all the sponsors who have made this publication possible. We owe the meticulous design to Studio Jung in collaboration with Gilbert Schneider. Special thanks are due to Ralf Christofori, who has provided a substantive reflection as a profound connoisseur of Henn's work.

Gemeinsam mit der Künstlerin möchte ich mich bei allen Förder*innen bedanken, die diese Publikation ermöglicht haben. Die treffende Gestaltung ist dem Studio Jung in Zusammenarbeit mit Gilbert Schneider zu verdanken. Besonders herzlicher Dank gilt Ralf Christofori, der als profunder Kenner ihres Werks die inhaltliche Reflexion liefert.

INNERSTES NACH AUSSEN [MIND THE GAP]
2020
STAHL, PVC, HOLZ

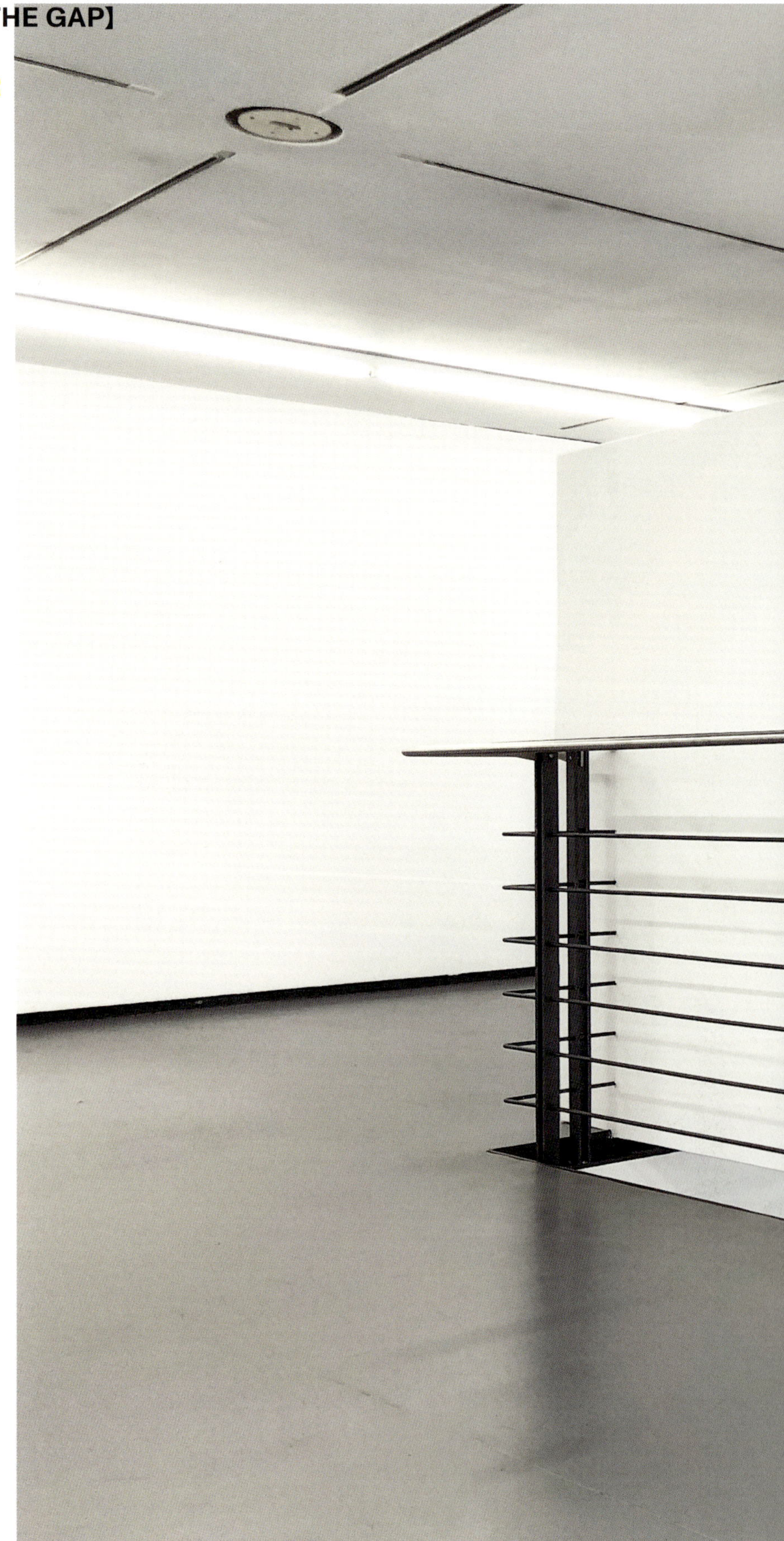

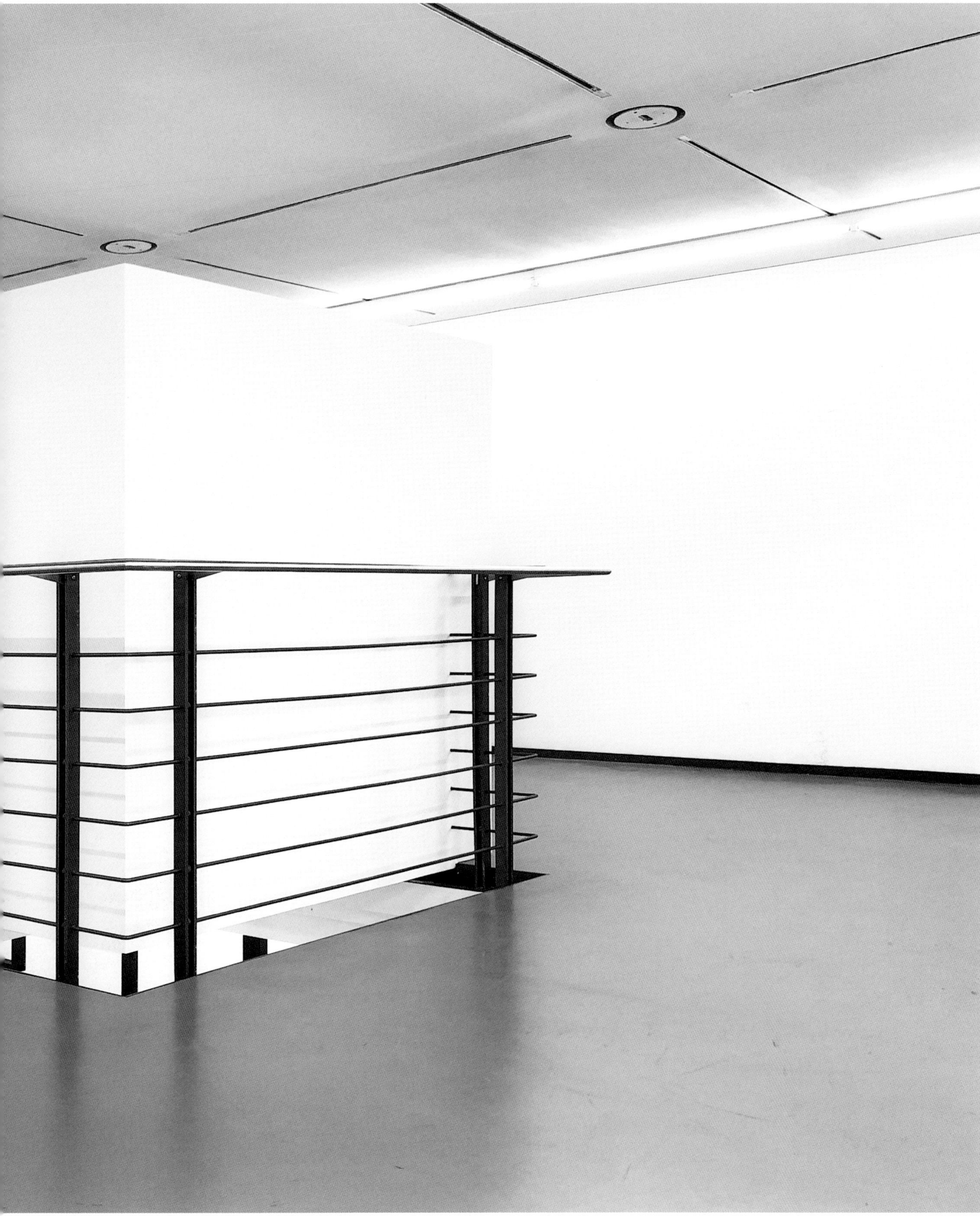

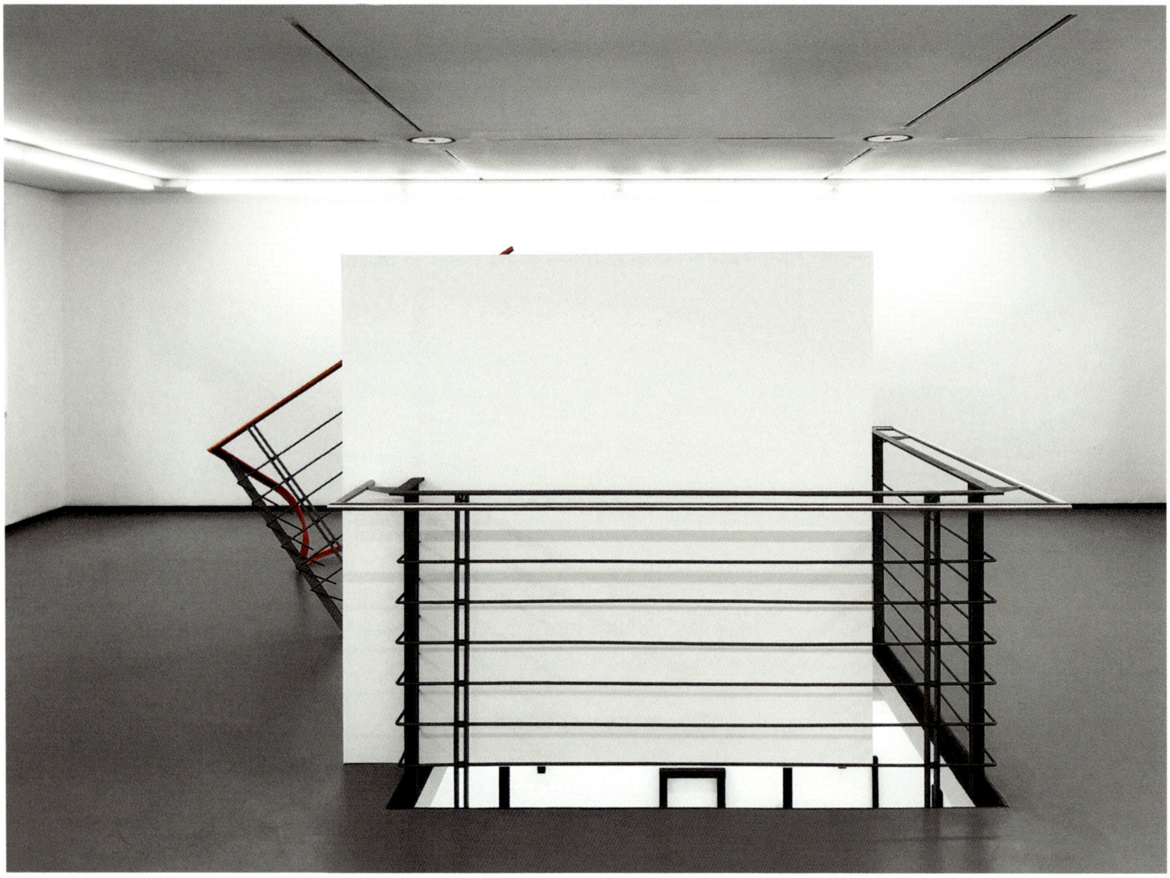

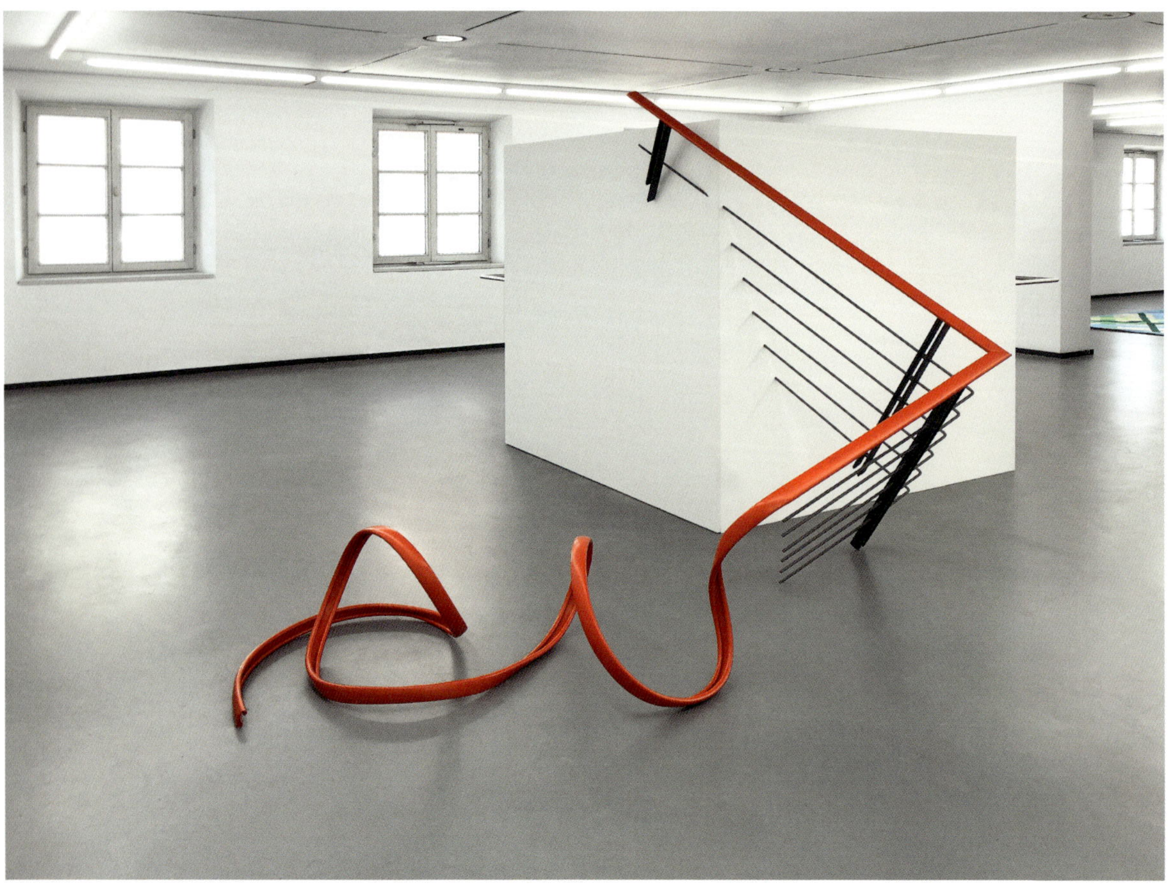

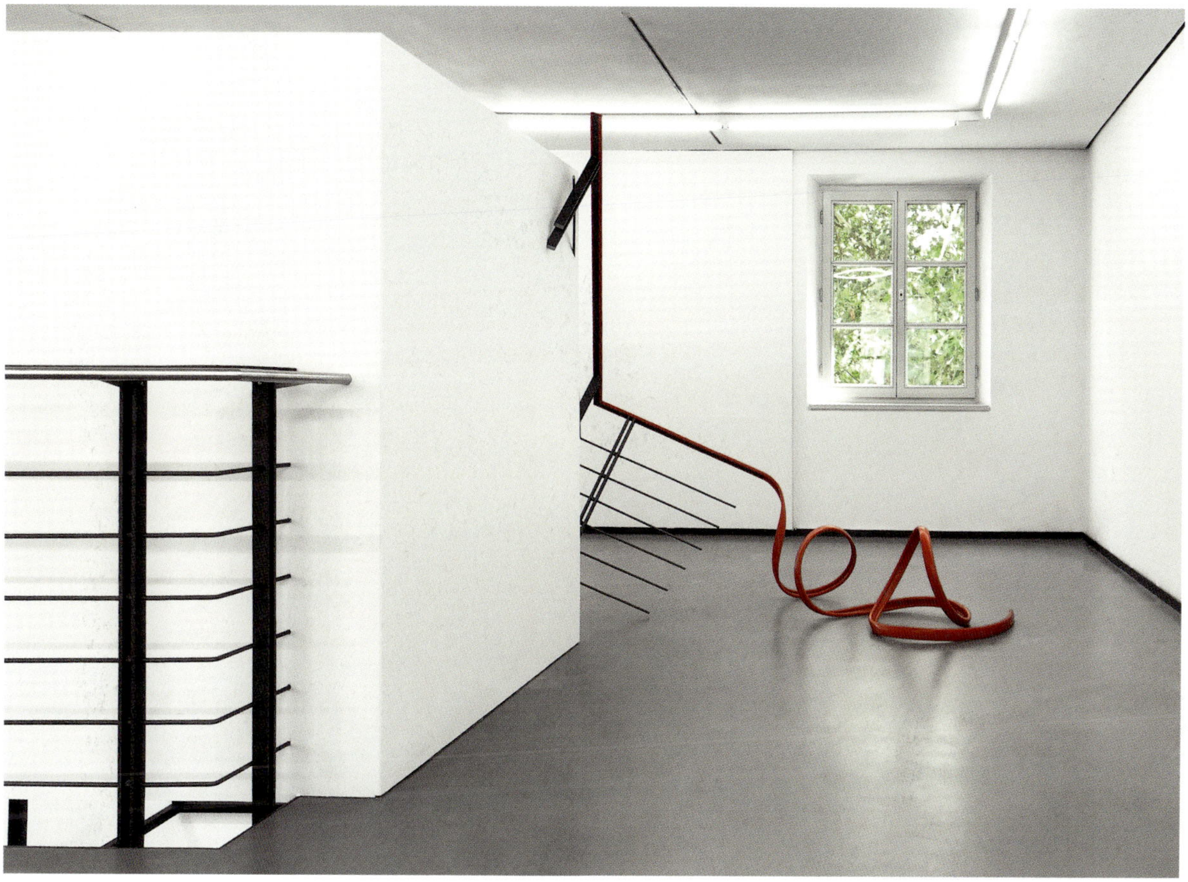

FOLLY_1
2021
STAHL, LACK, BETON

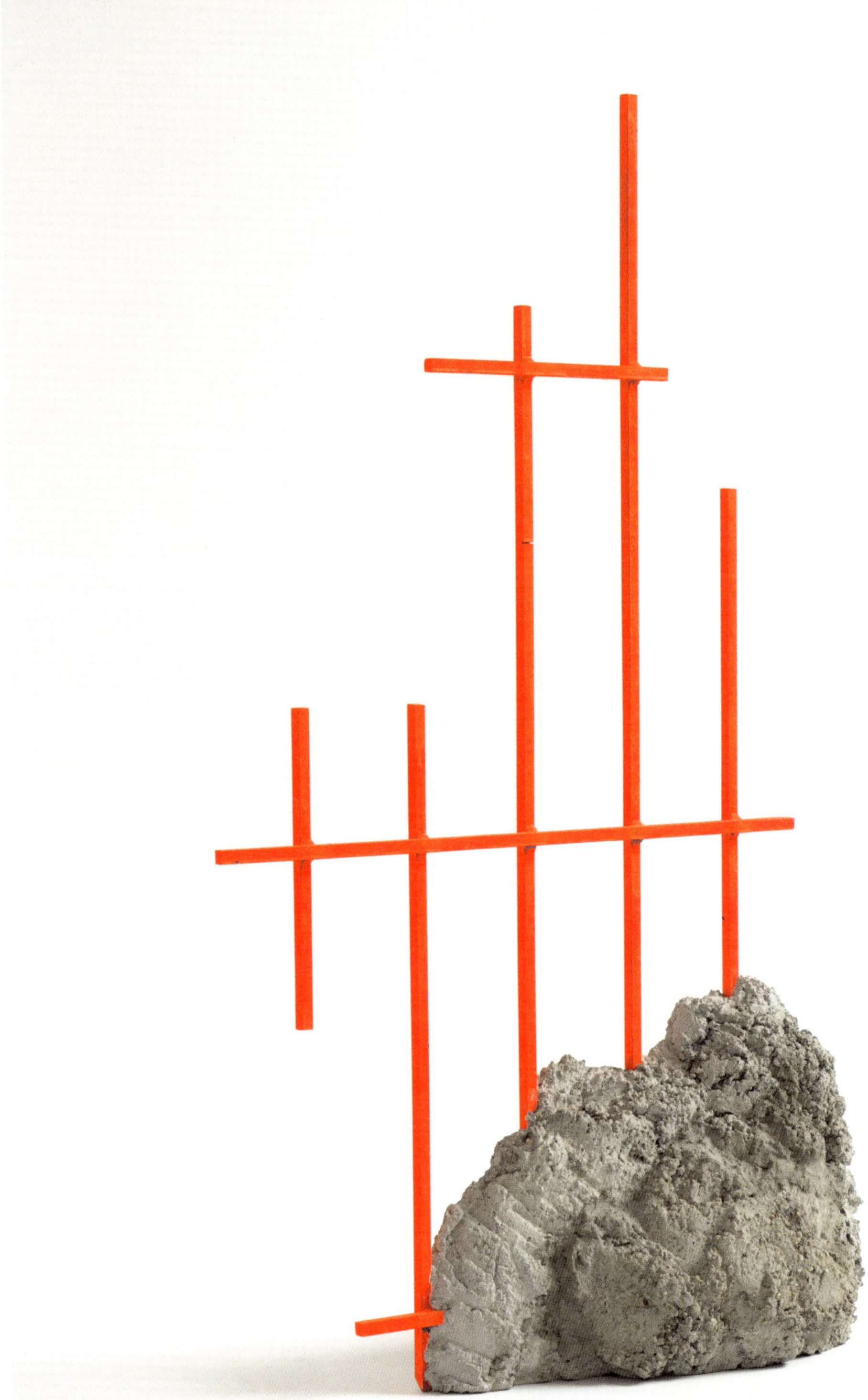

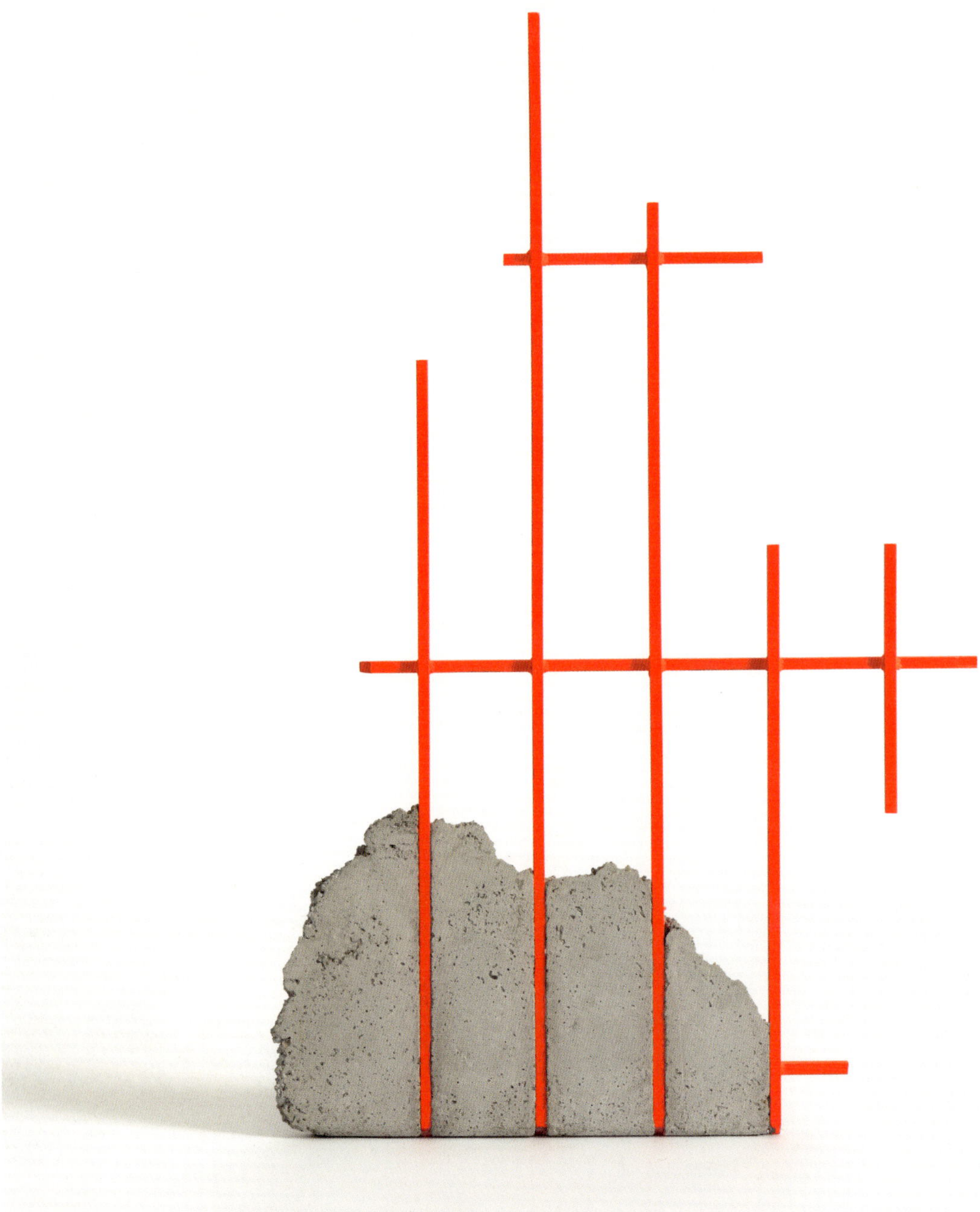

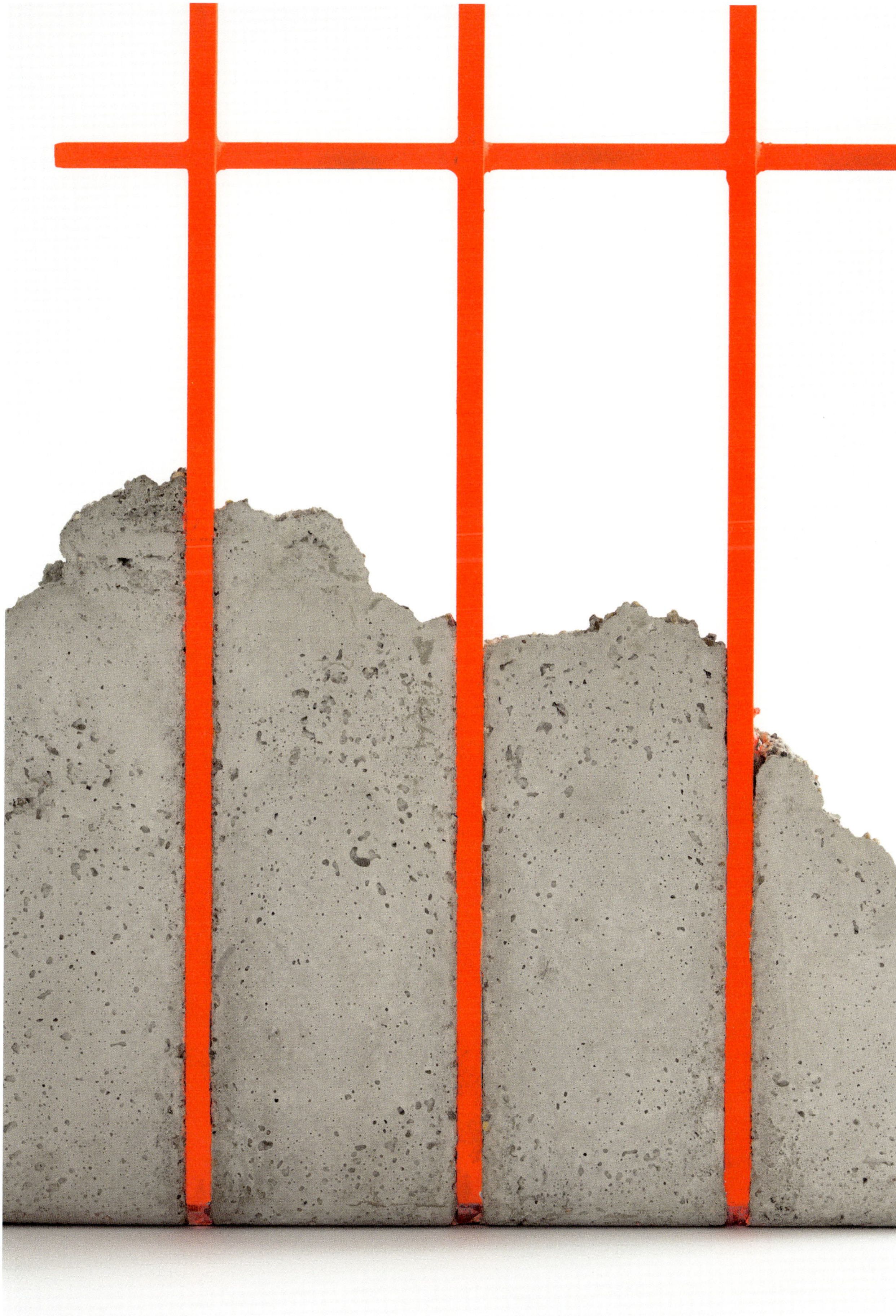

VON HIER AUS KANN ICH DAS MEER SEHEN
2022
STAHL, LACK

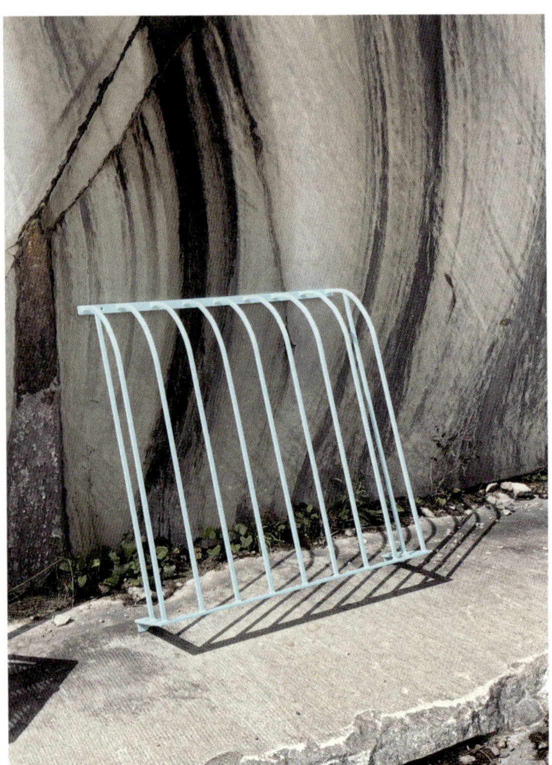

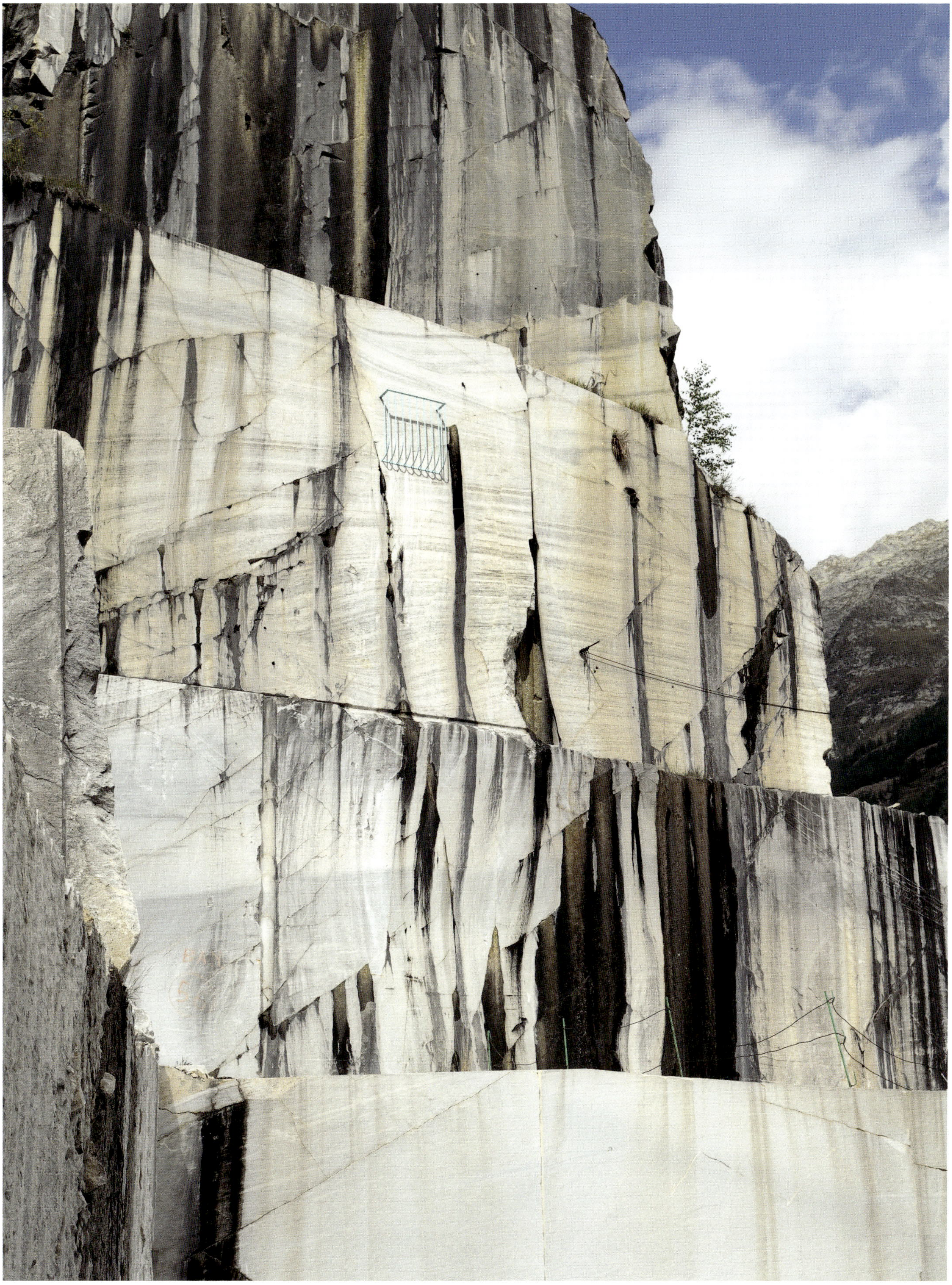

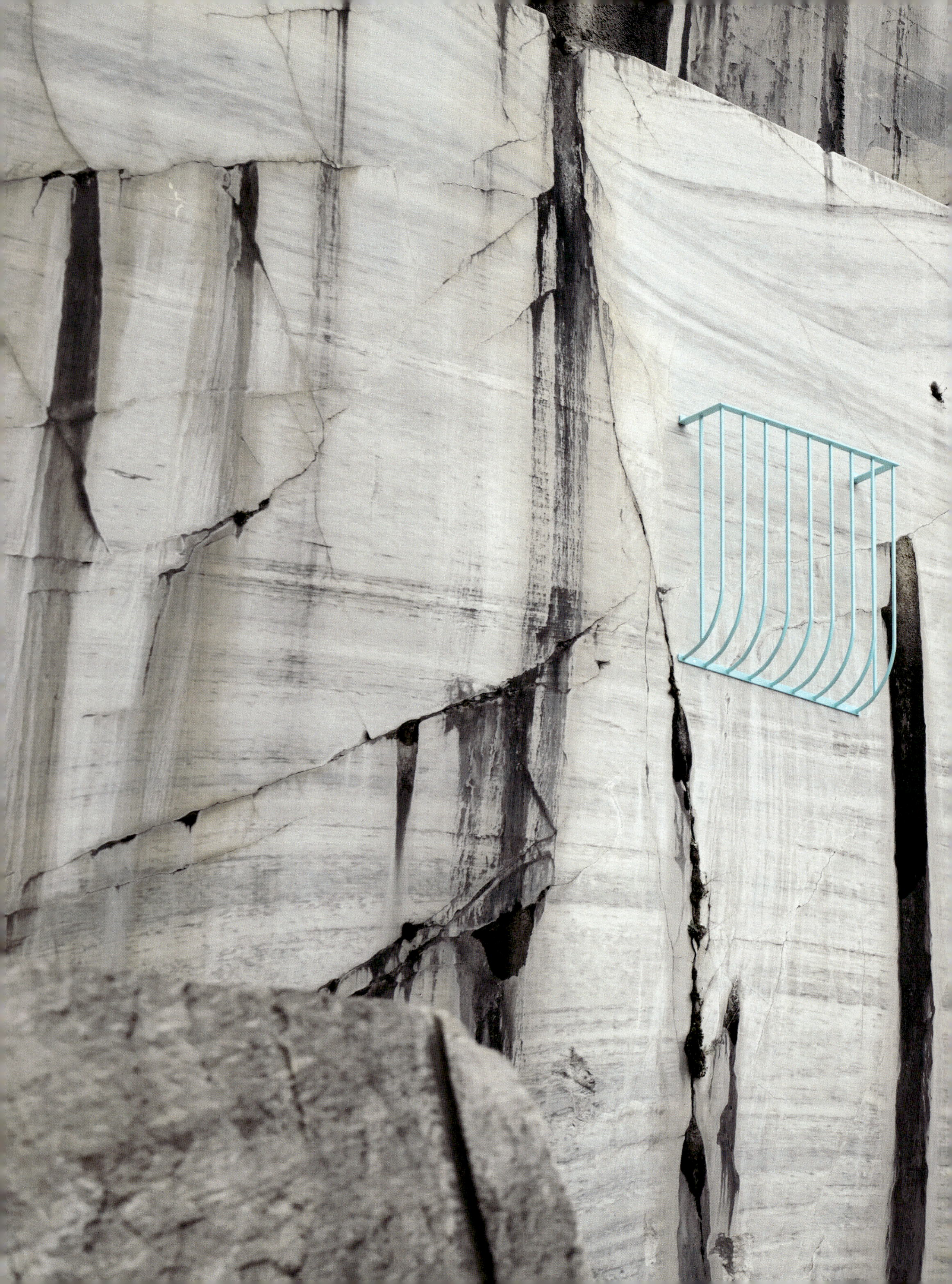

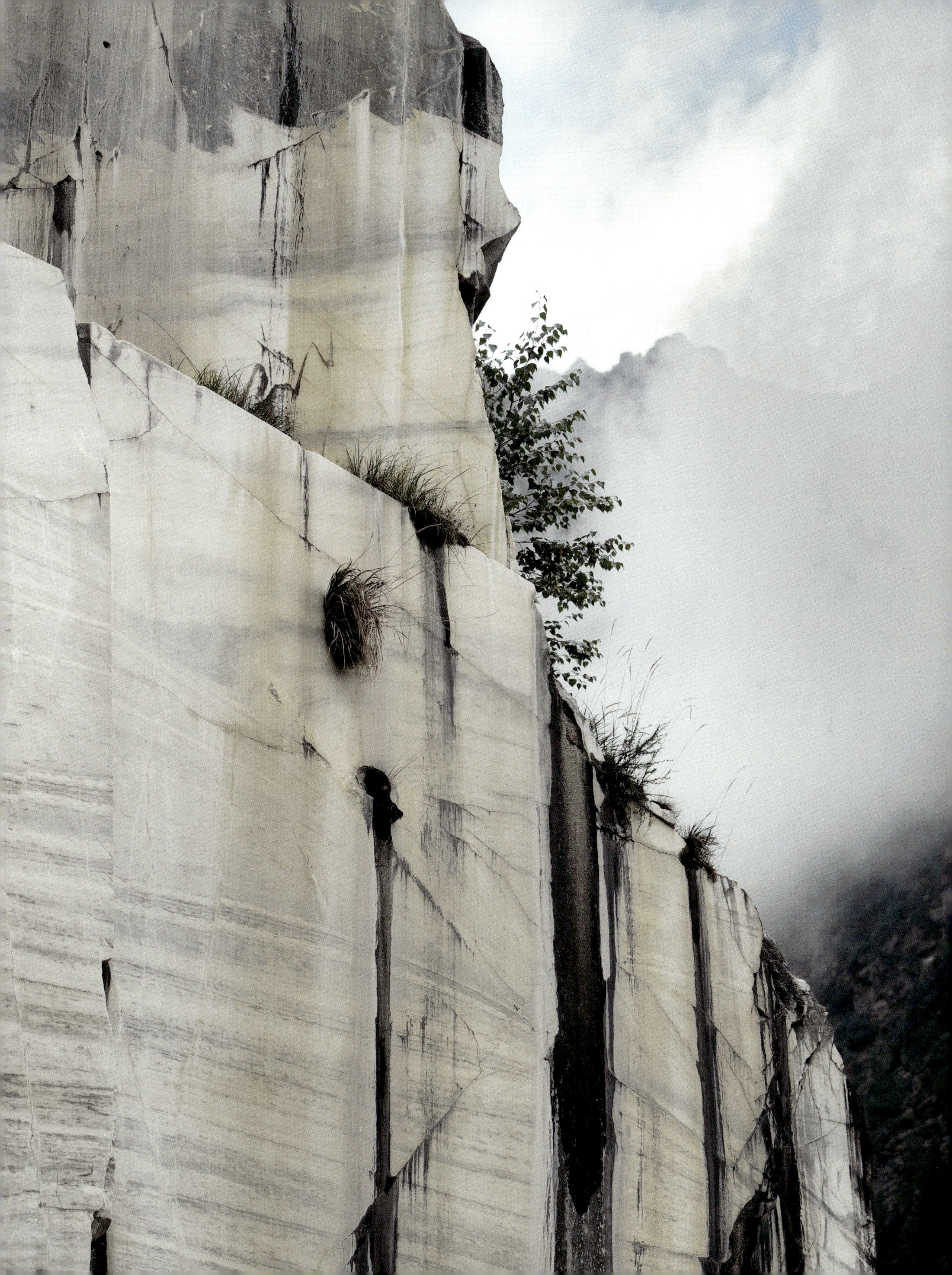

VERSION 3.0
2022
MARMOR, STAHL

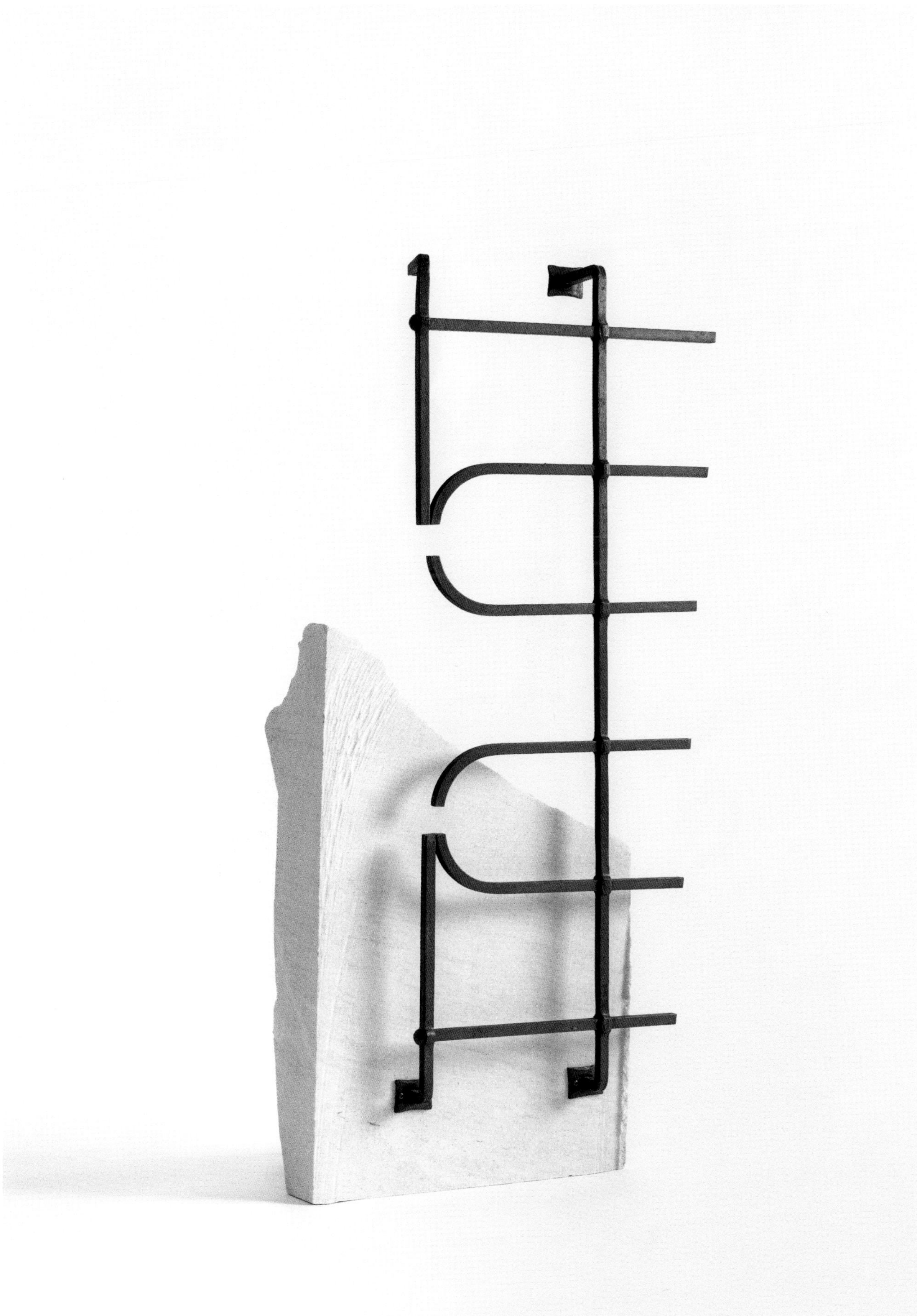

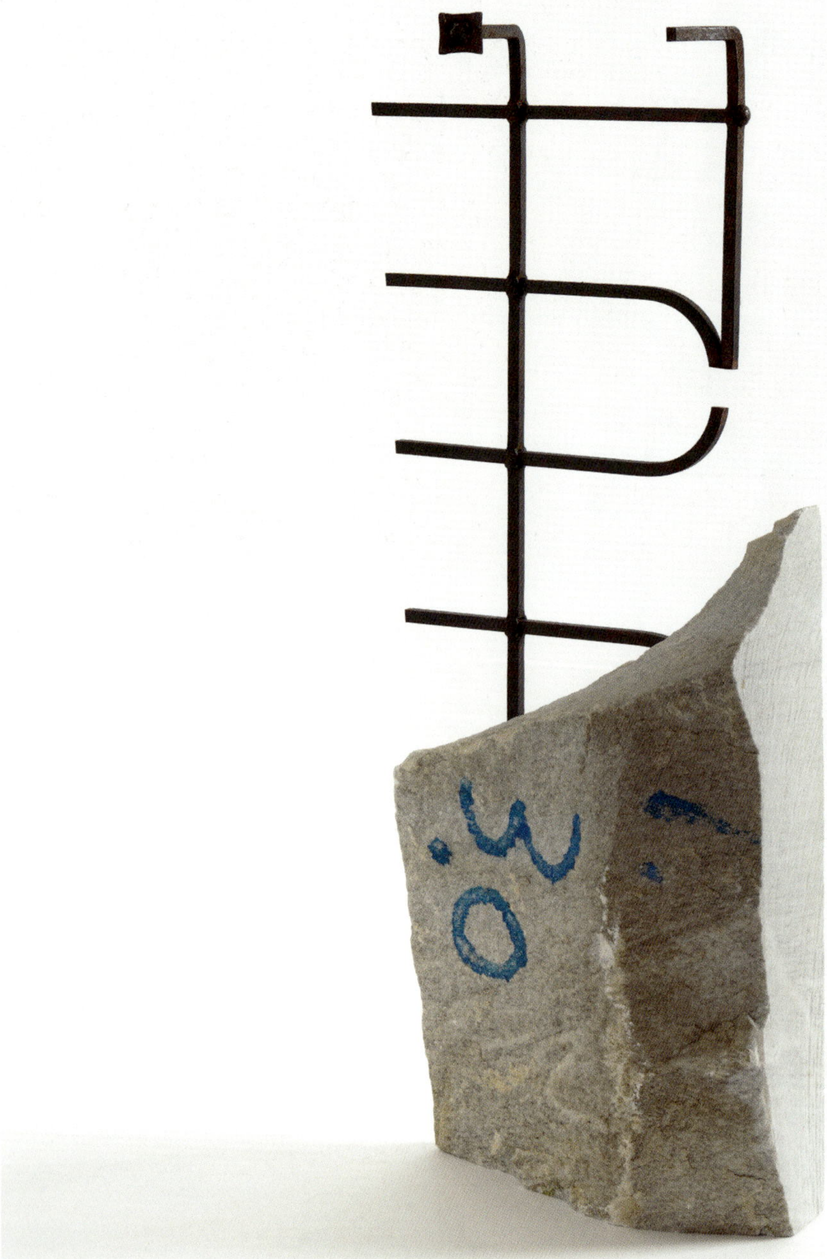

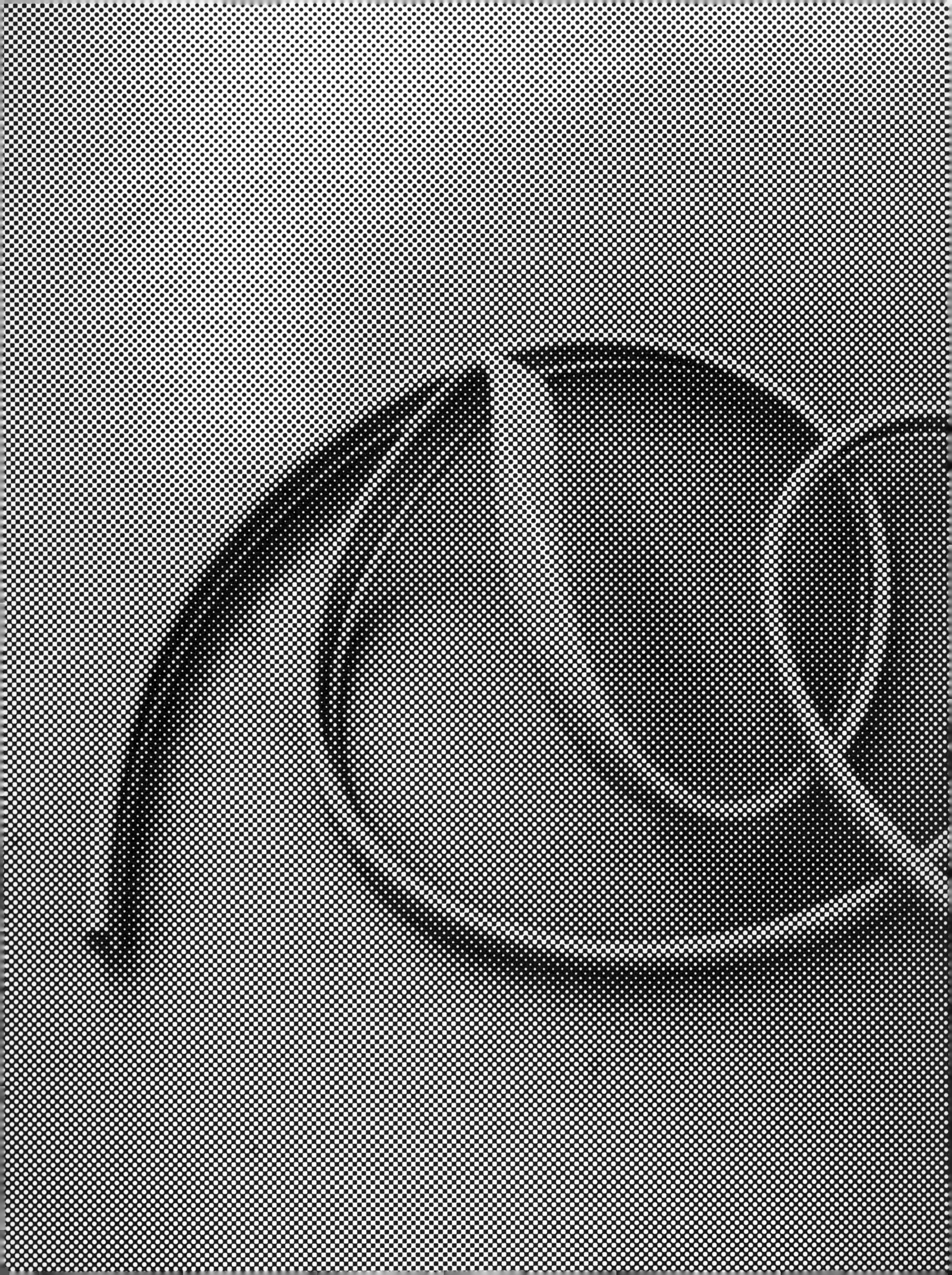

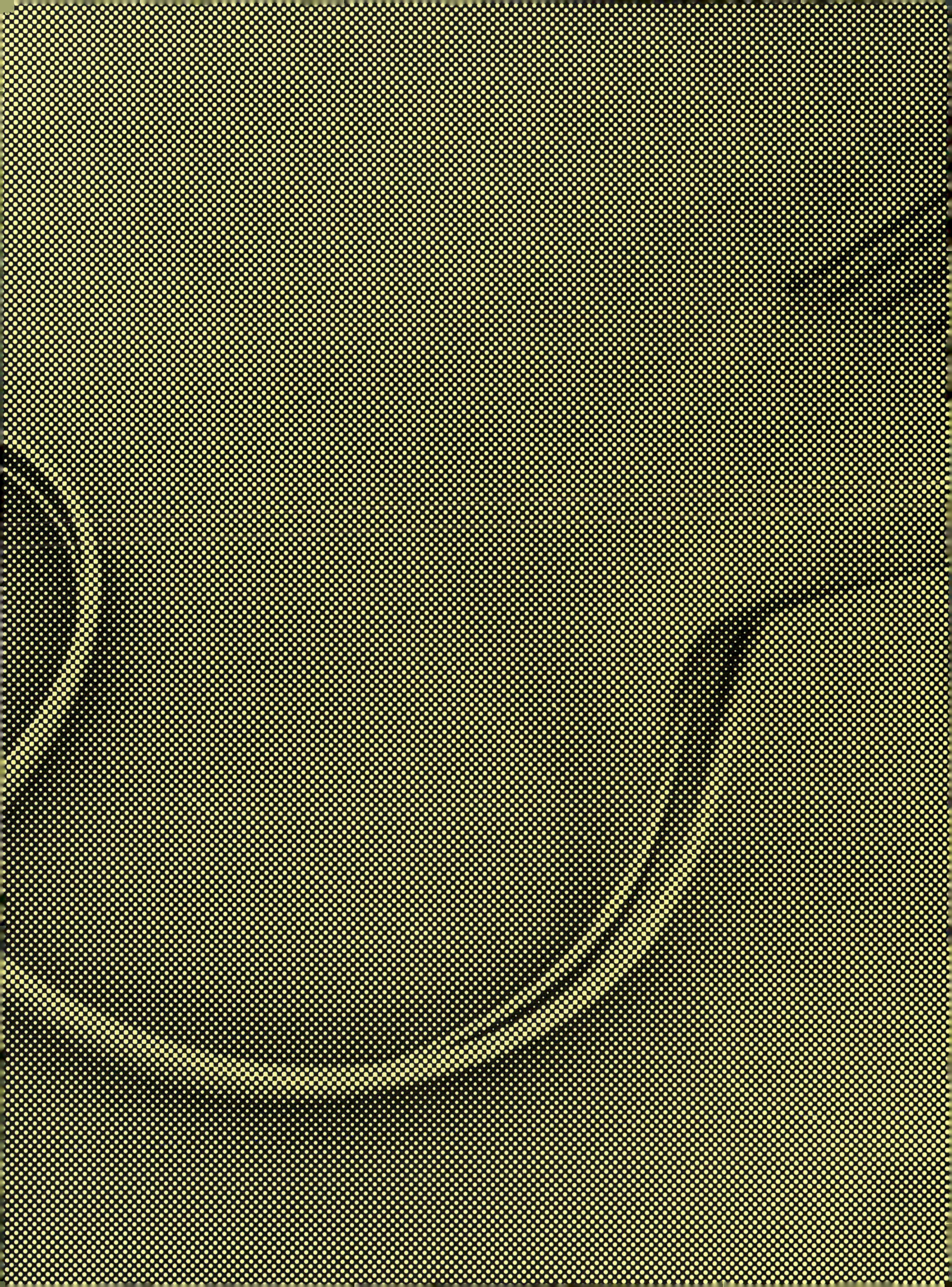

A RAILING GROWING THROUGH STONES [AND VICE VERSA]
2022
STAHL, GNEIS

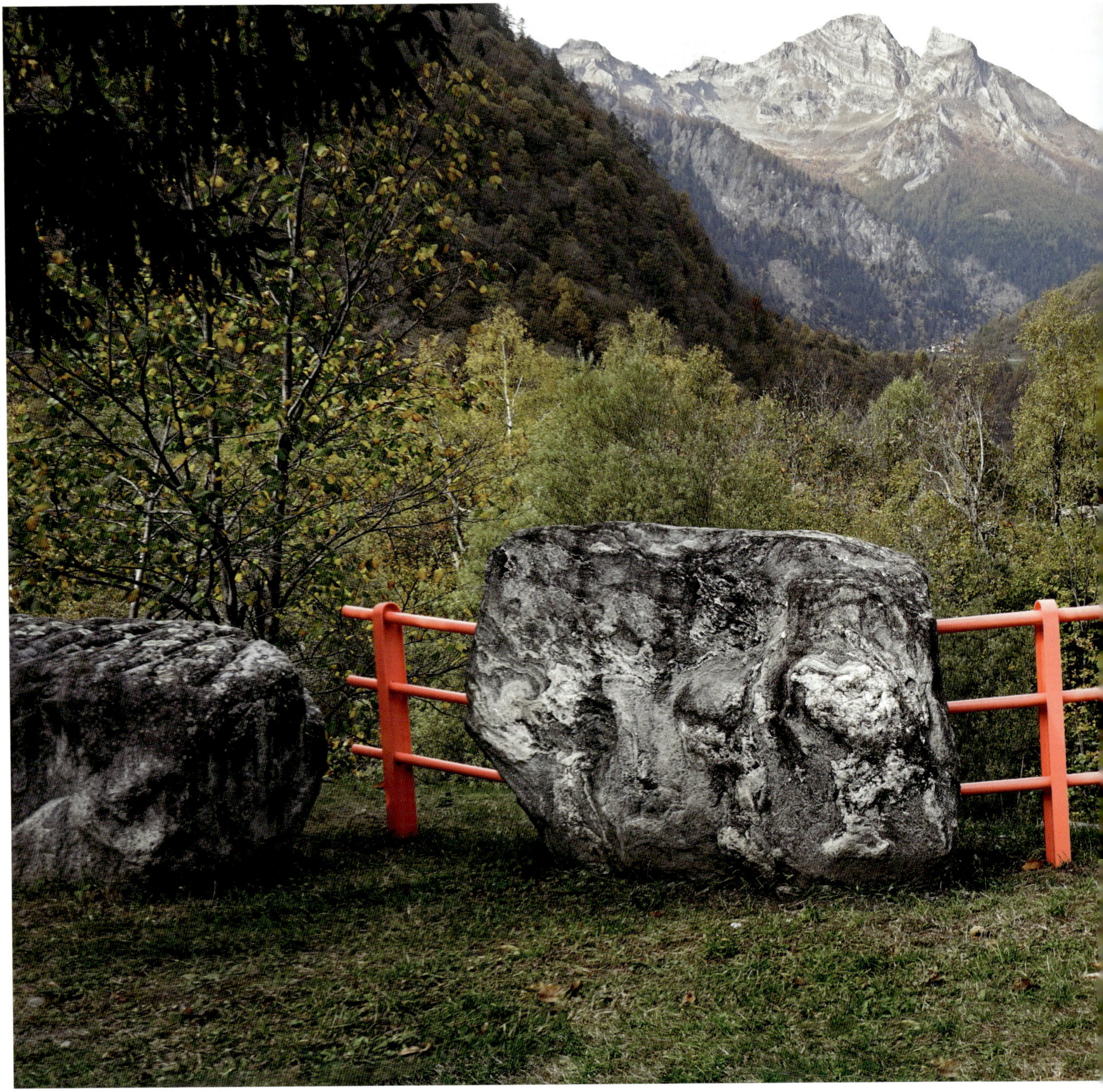

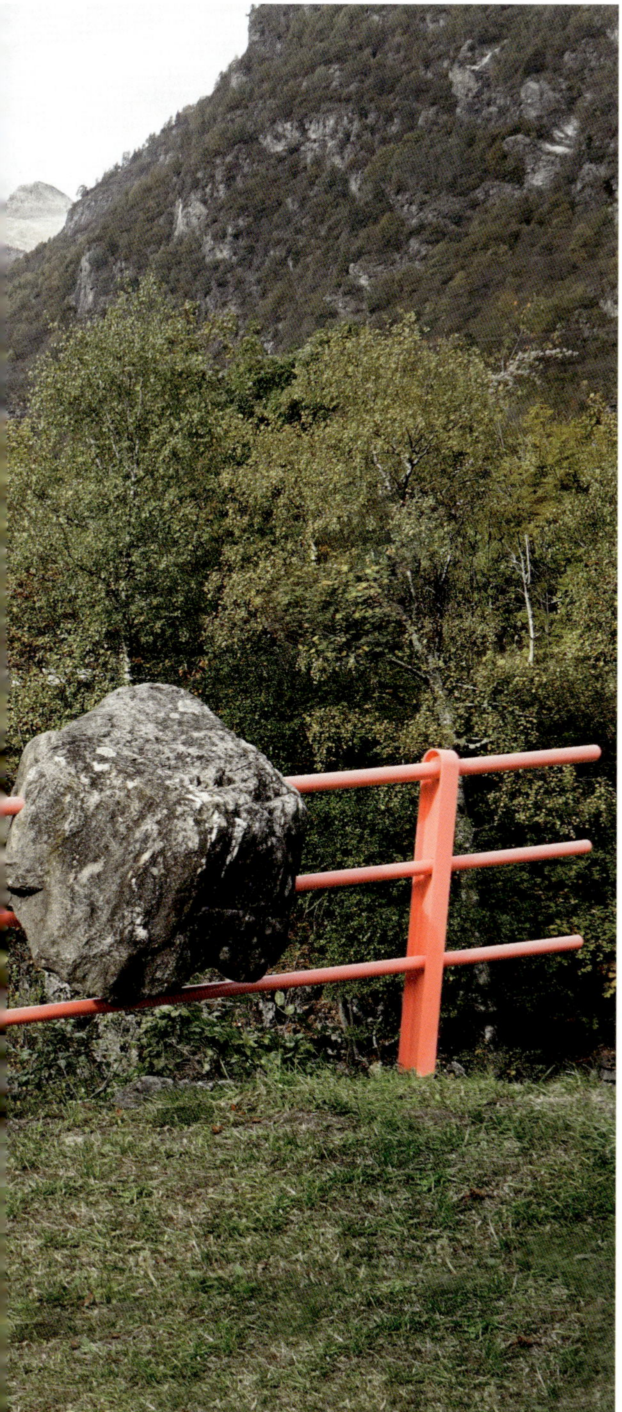

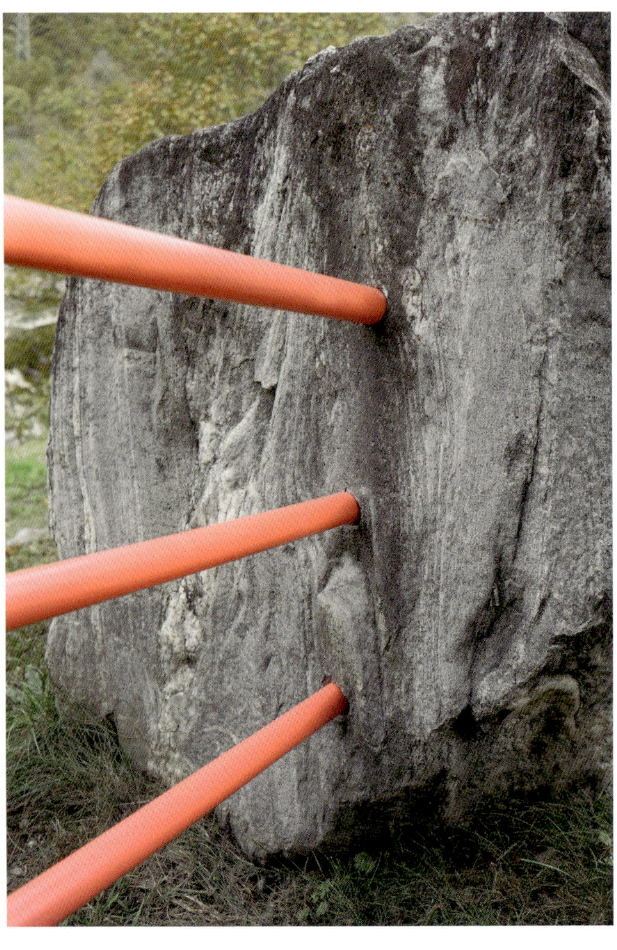

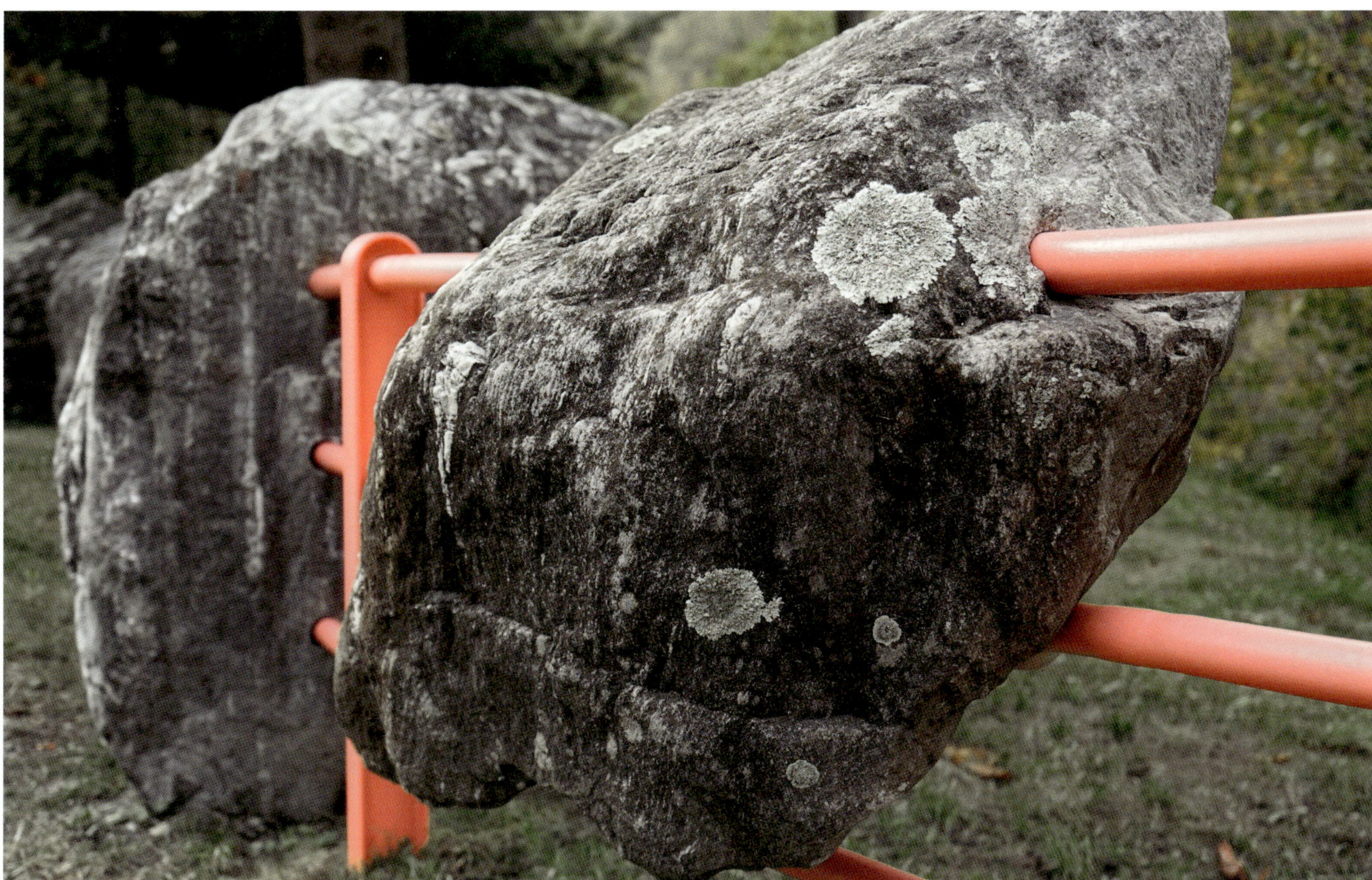

FLOAT
2020
STAHL, BETON, ALUMINIUM

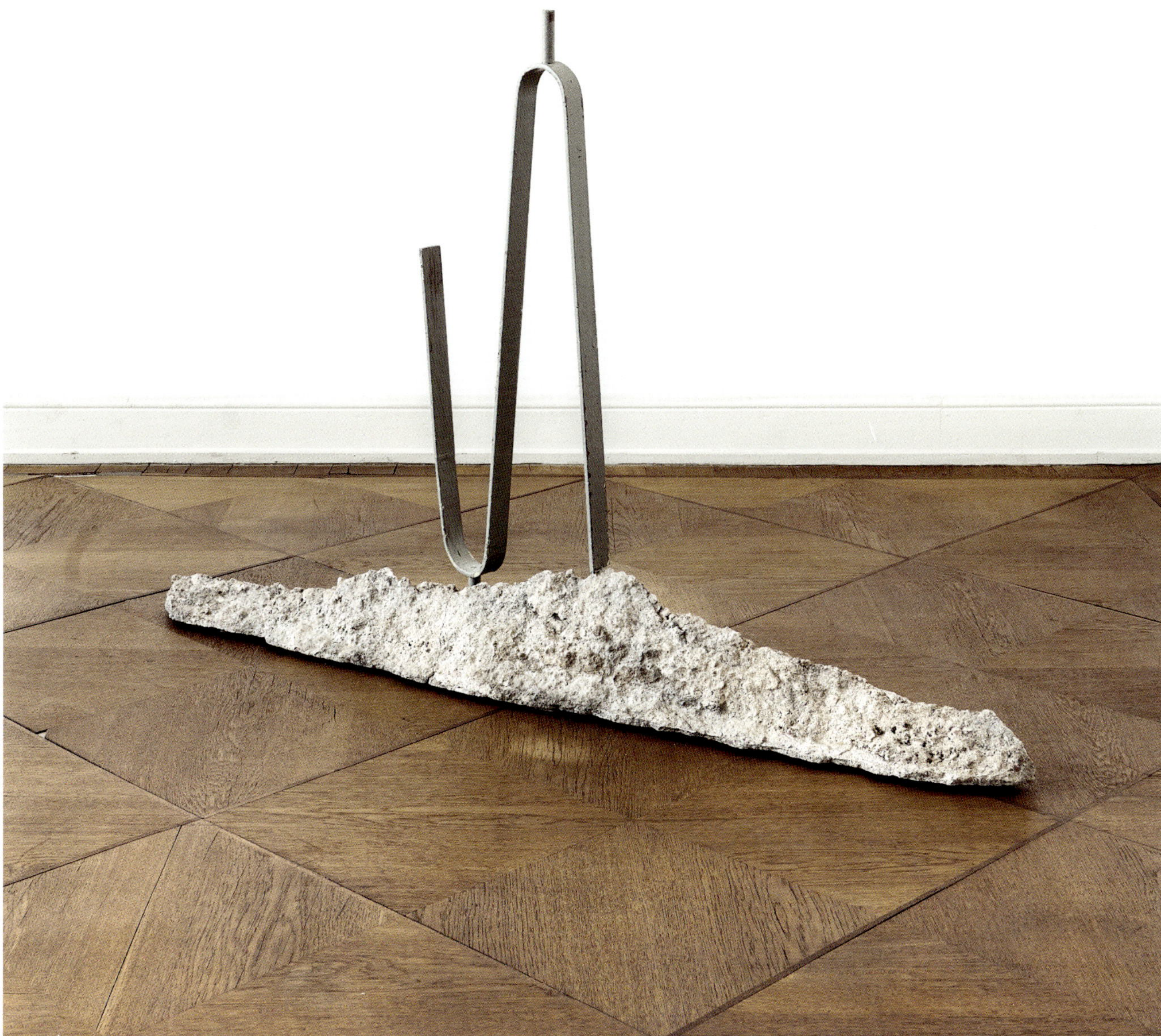

HIGHRISE
2020
LEUCHTSTOFFRÖHRE, ALUMINIUM ELOXIERT, ELEKTRONIK, HOLZ, BETON

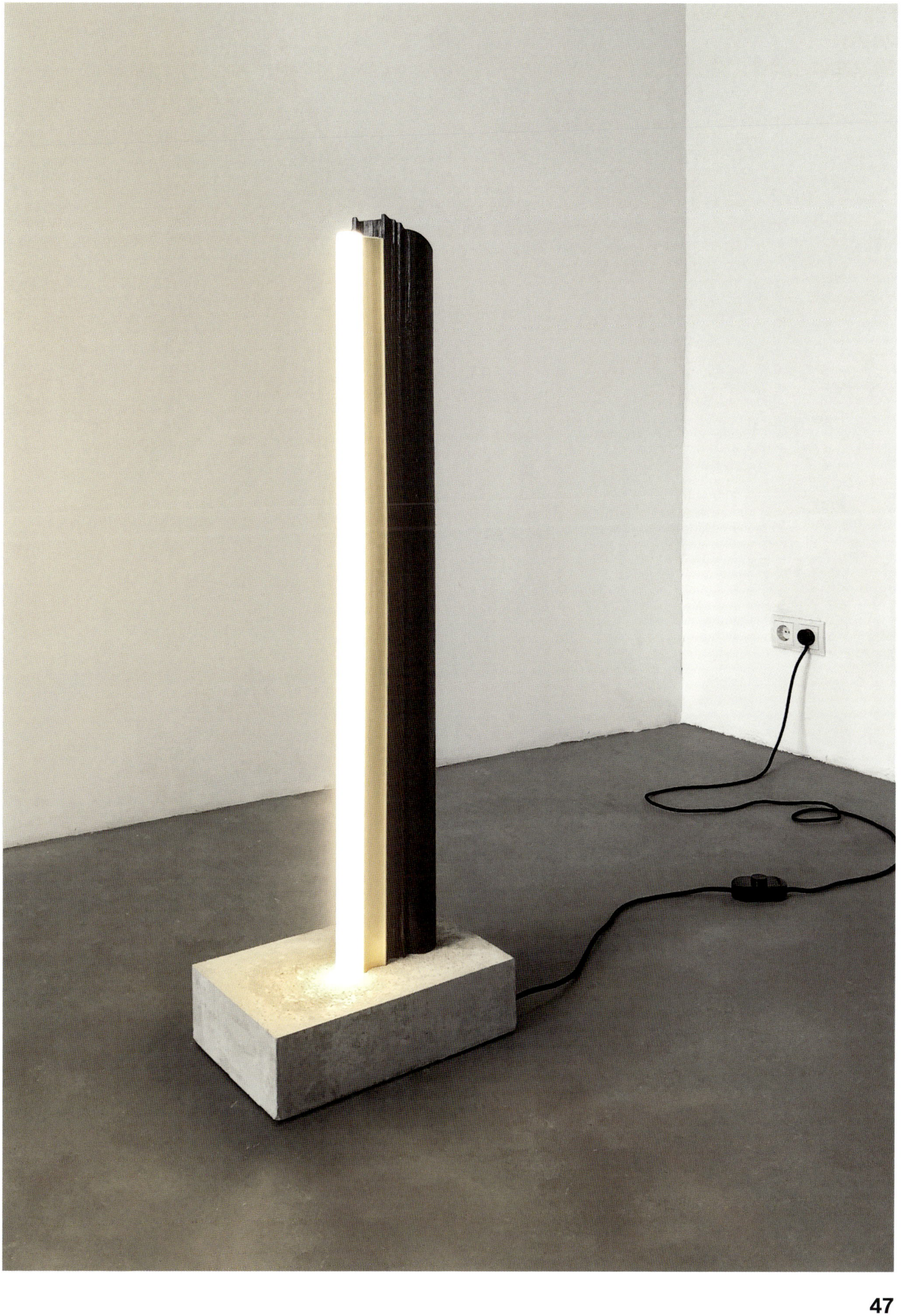

FRIDO
2022
GNEIS, STAHL

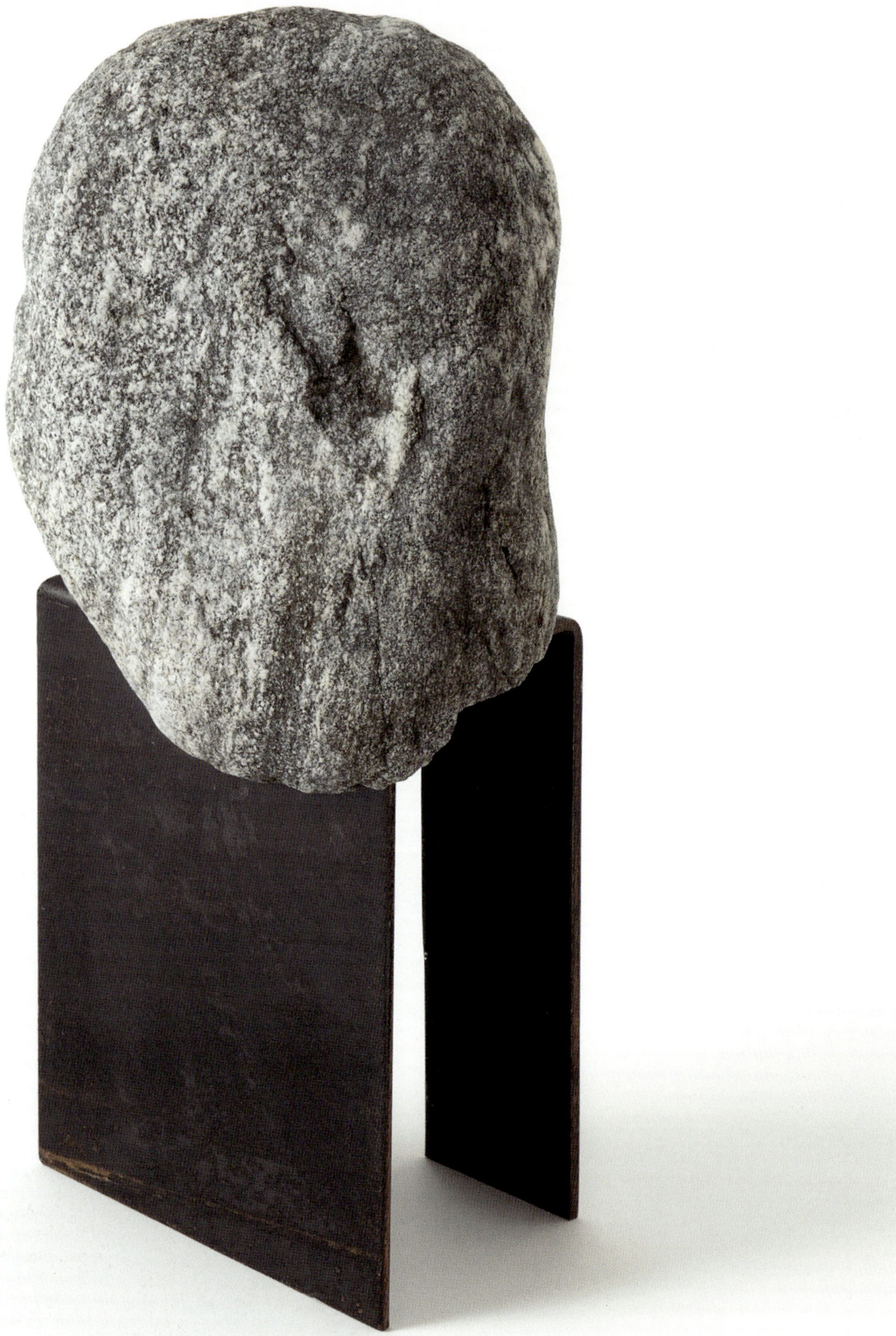

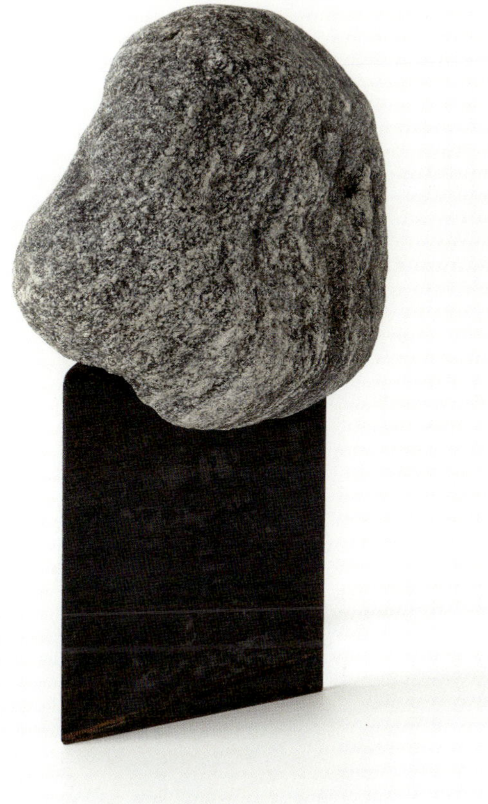

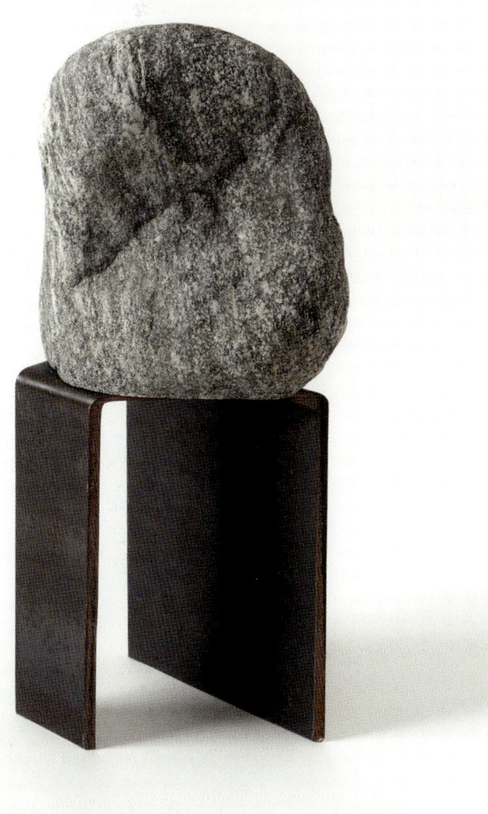

PICTOGRAMM
2020
STAHL [illegible] ELOXIERT, ELEKTRONIK, HOLZ, BETON

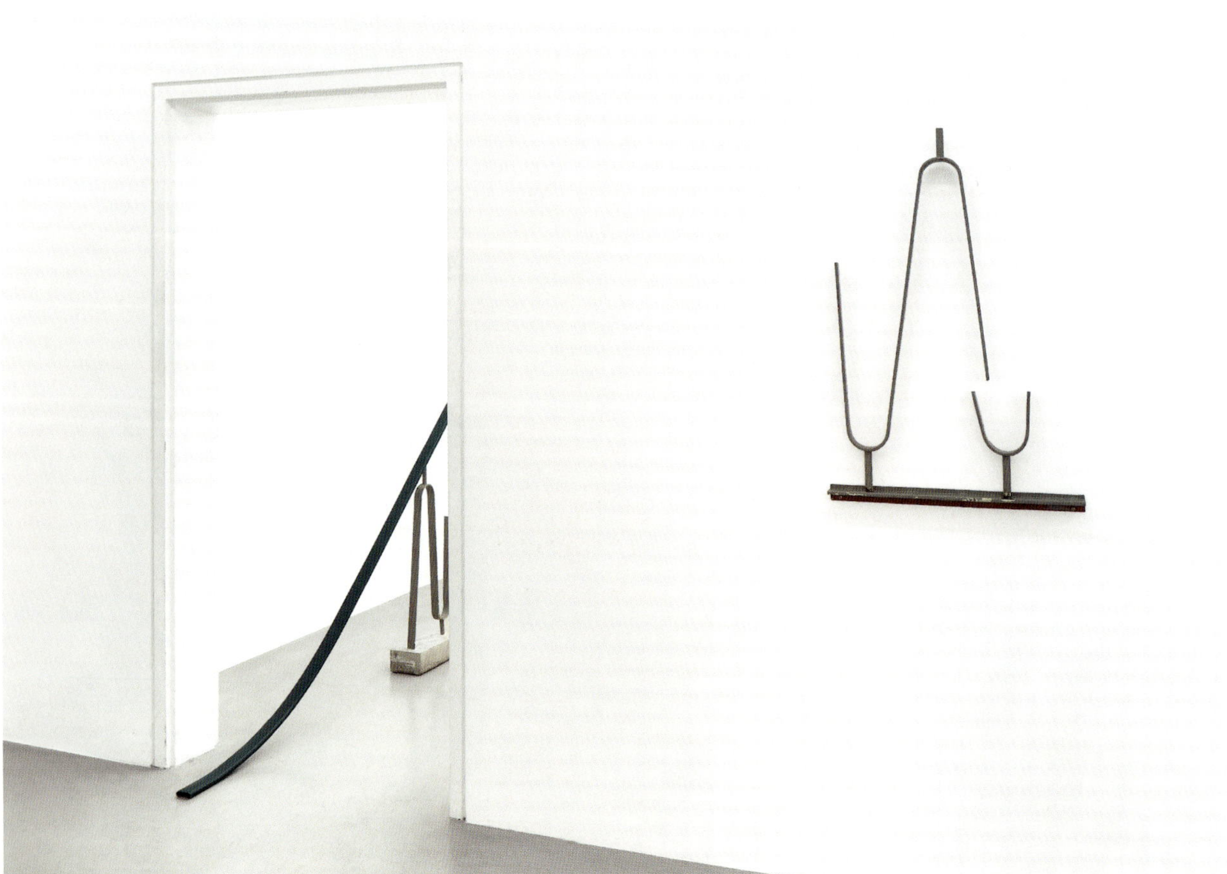

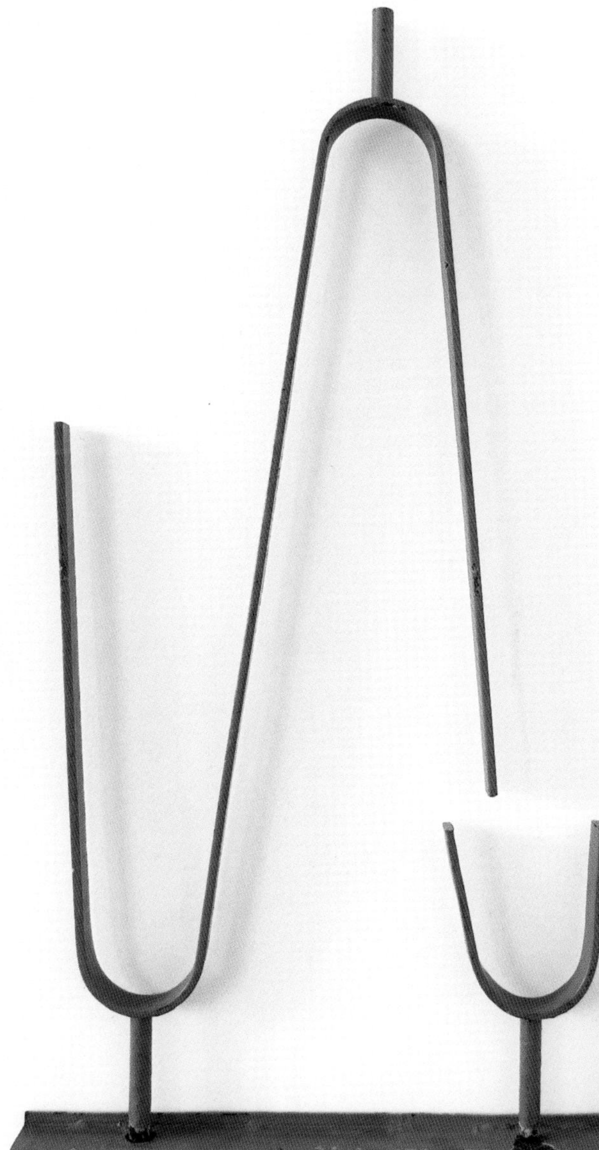

PRORA_1–4
2020
INKJET AUF PHOTORAG

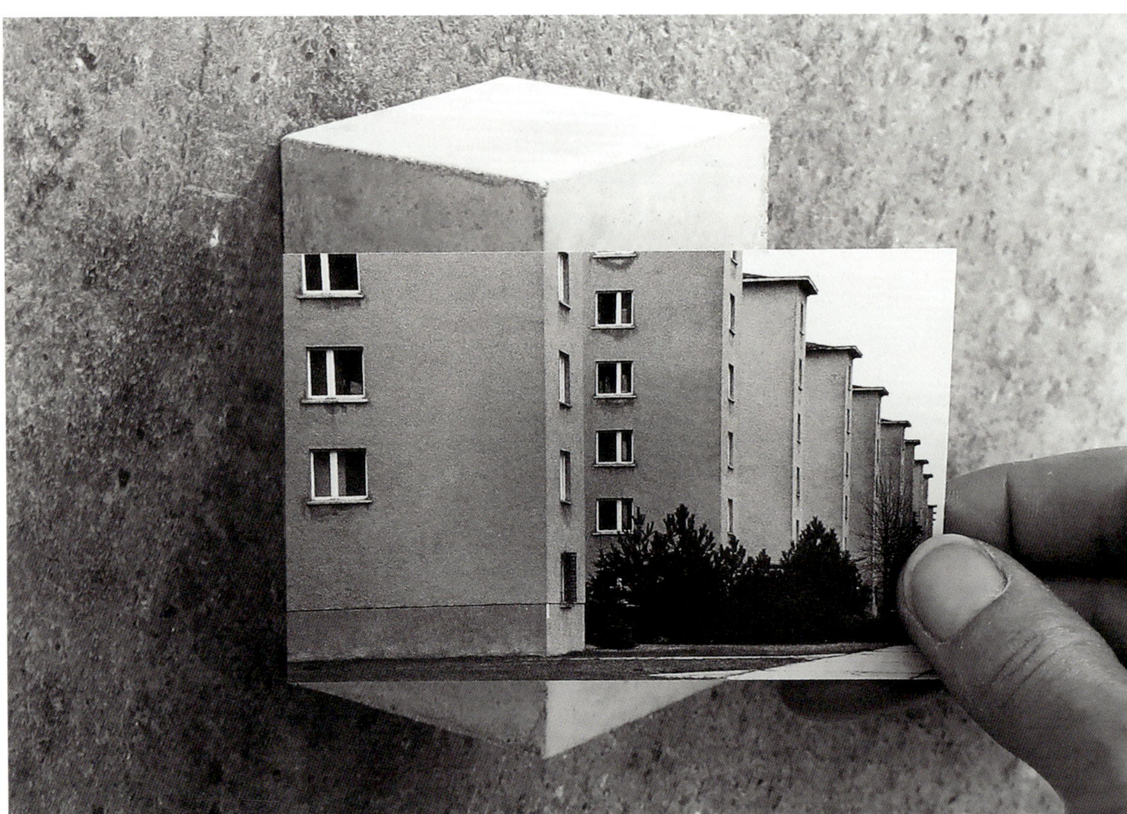

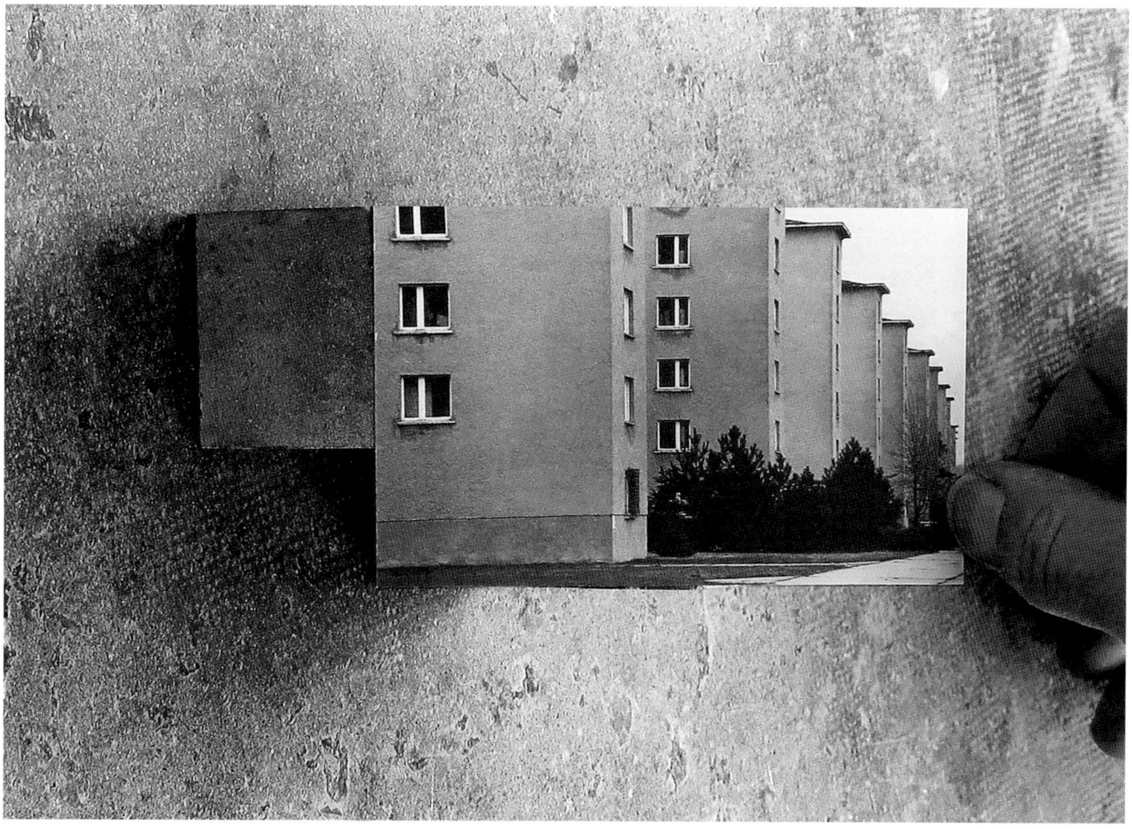

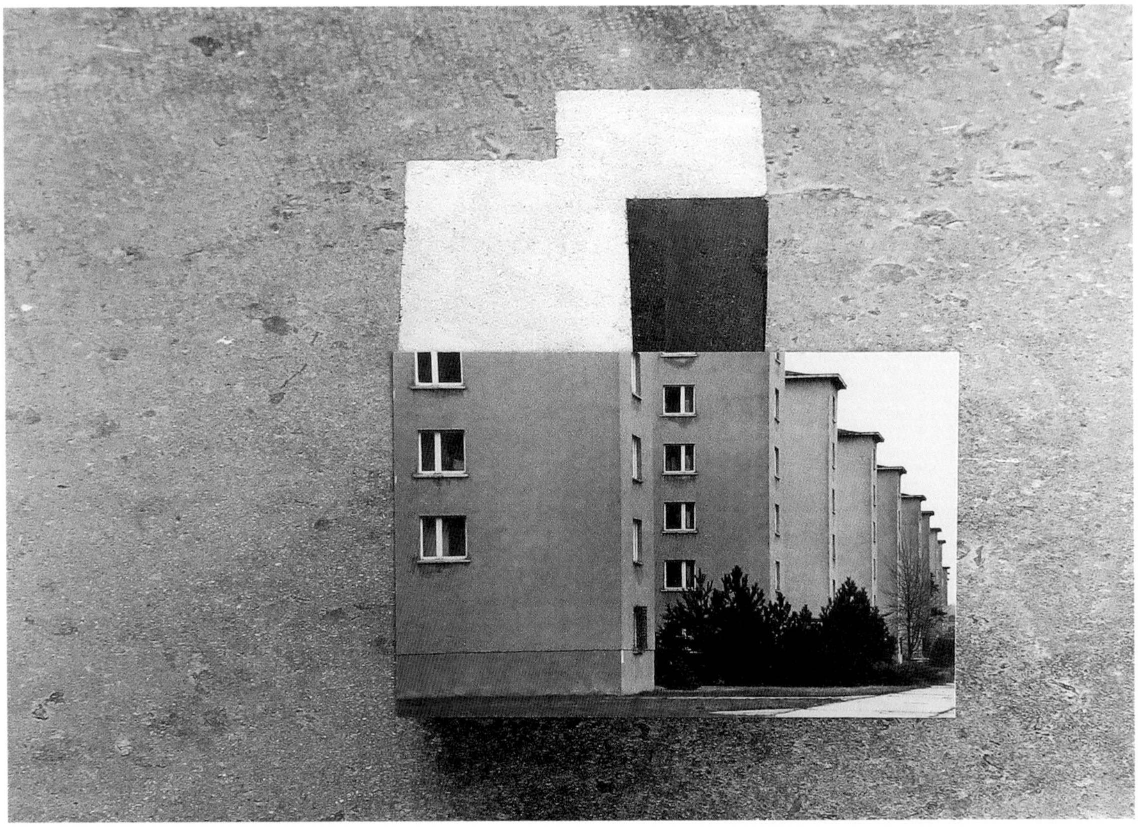

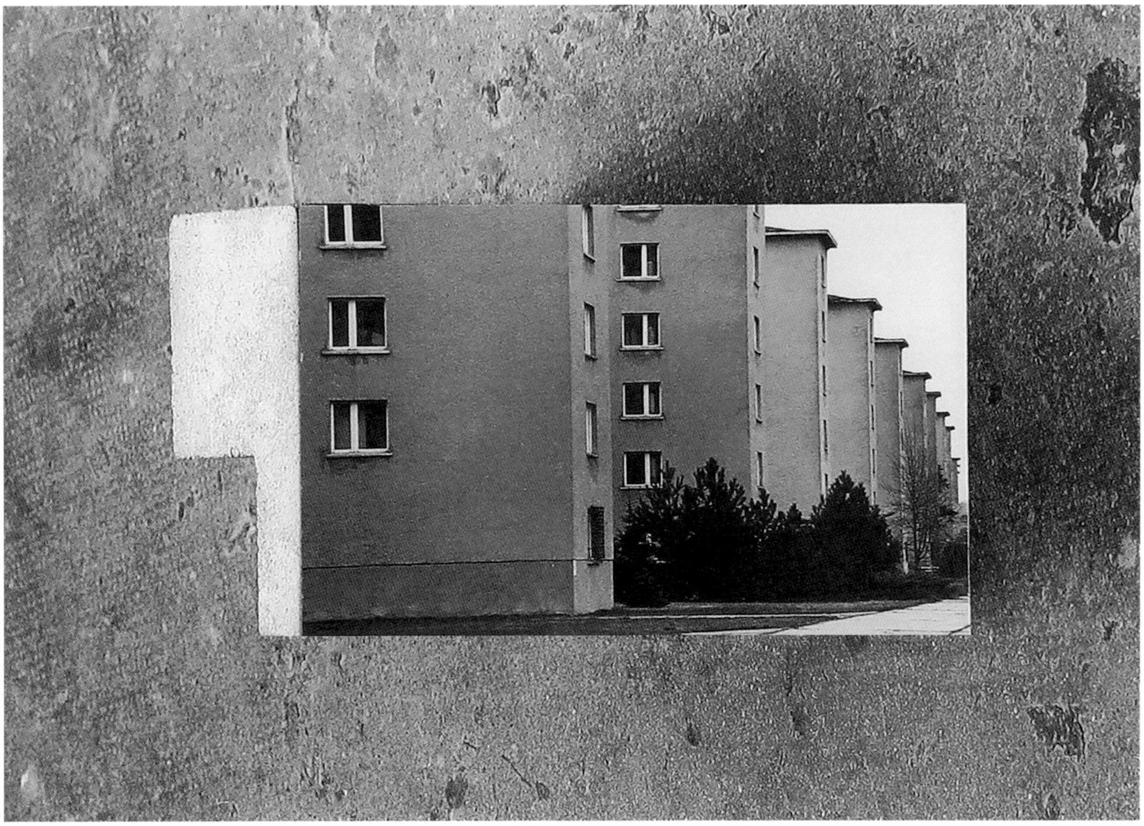

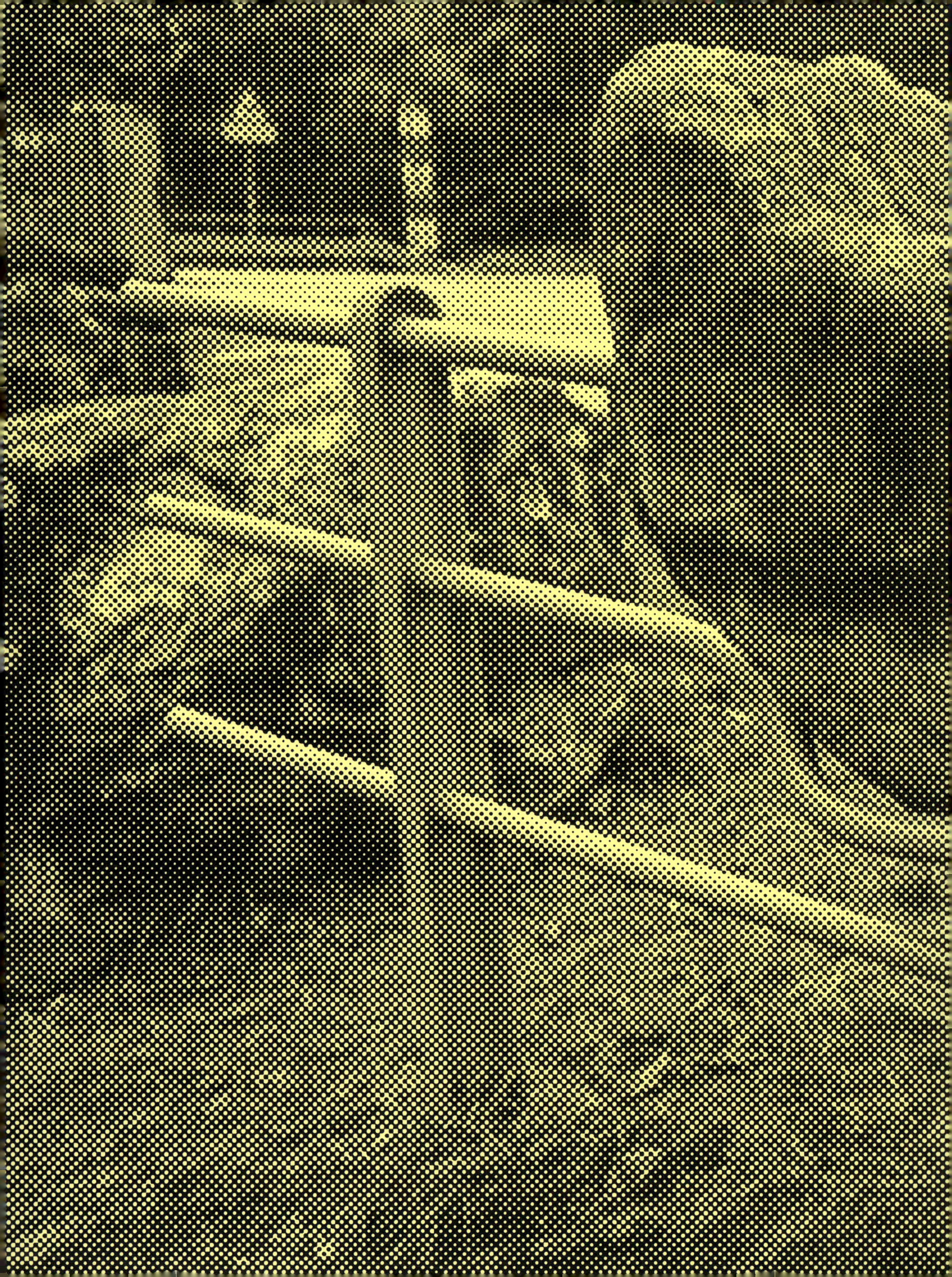

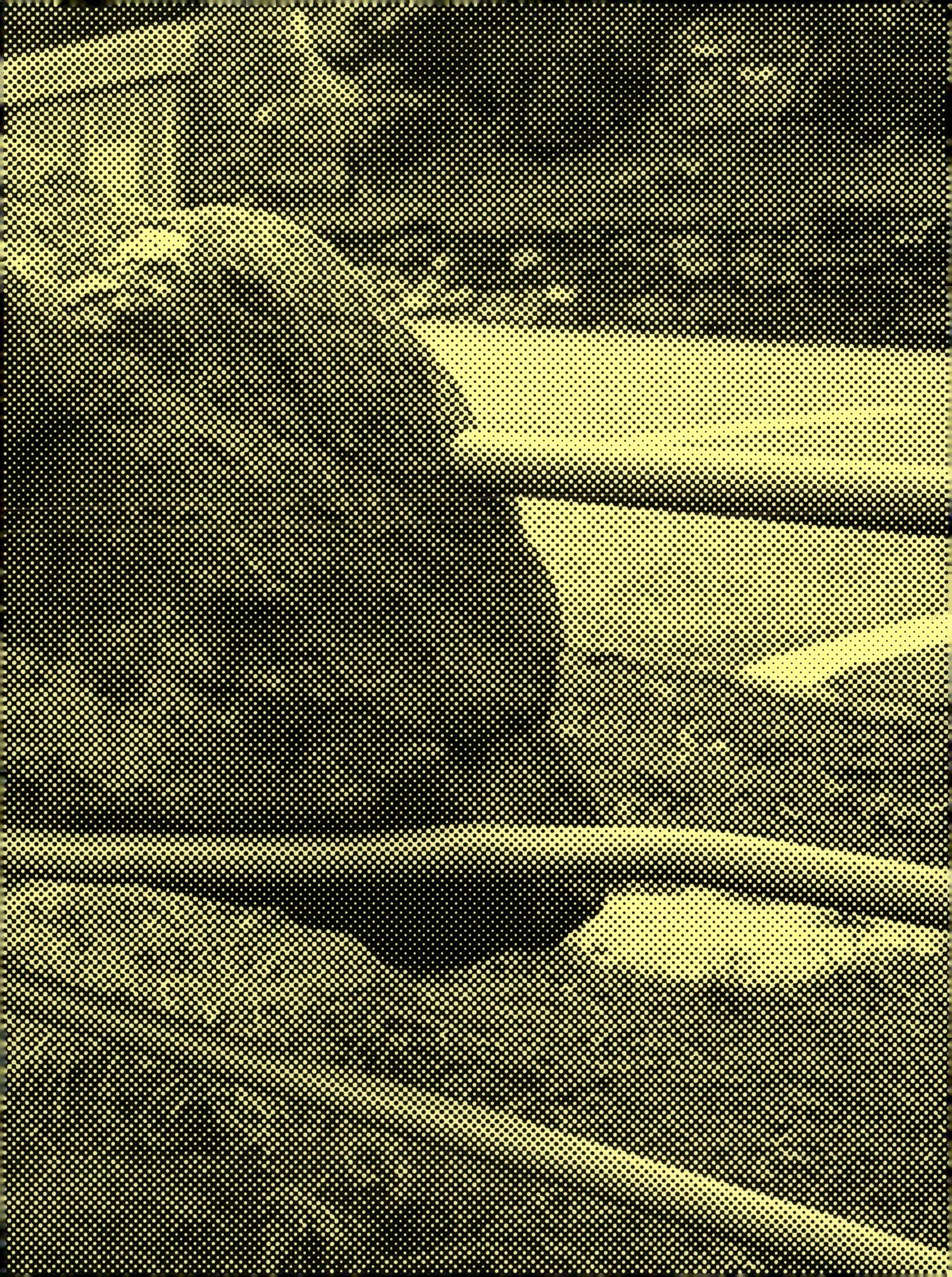

GIVE ME A REST
2020
STAHL, PVC

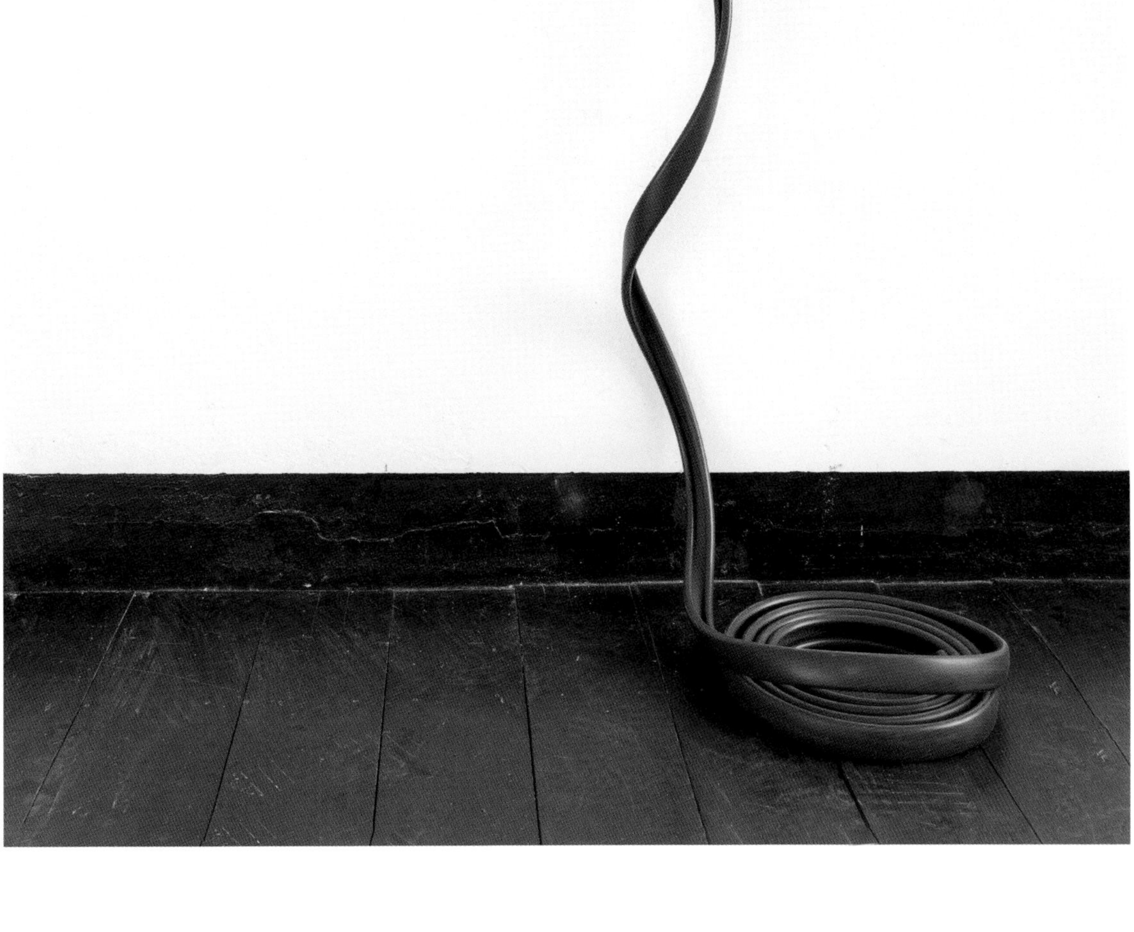

PROFILER_1–7
2020
PORZELLAN, BETON

ELOXIERT, ELEKTRONIK, HOLZ, BETON

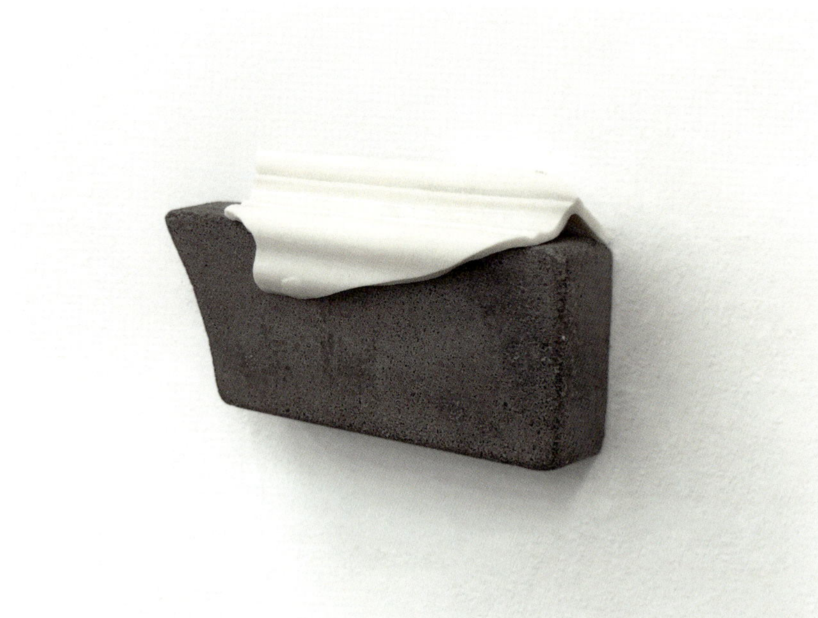

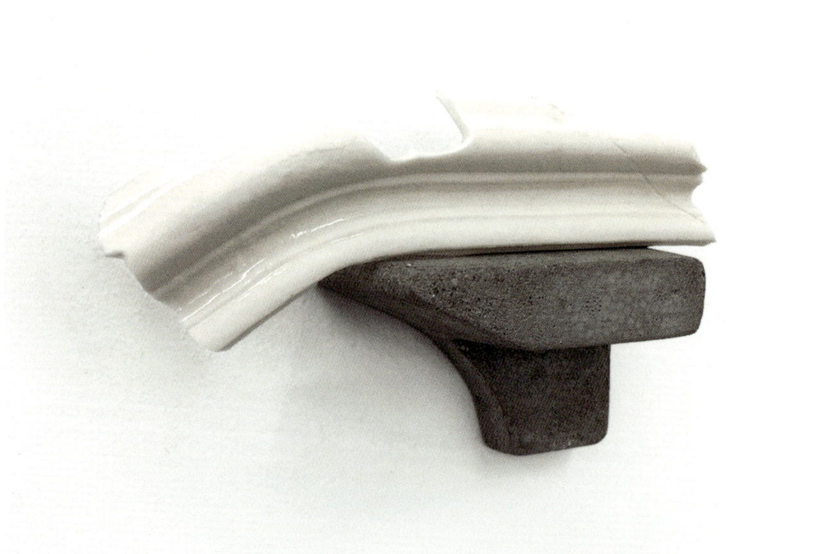

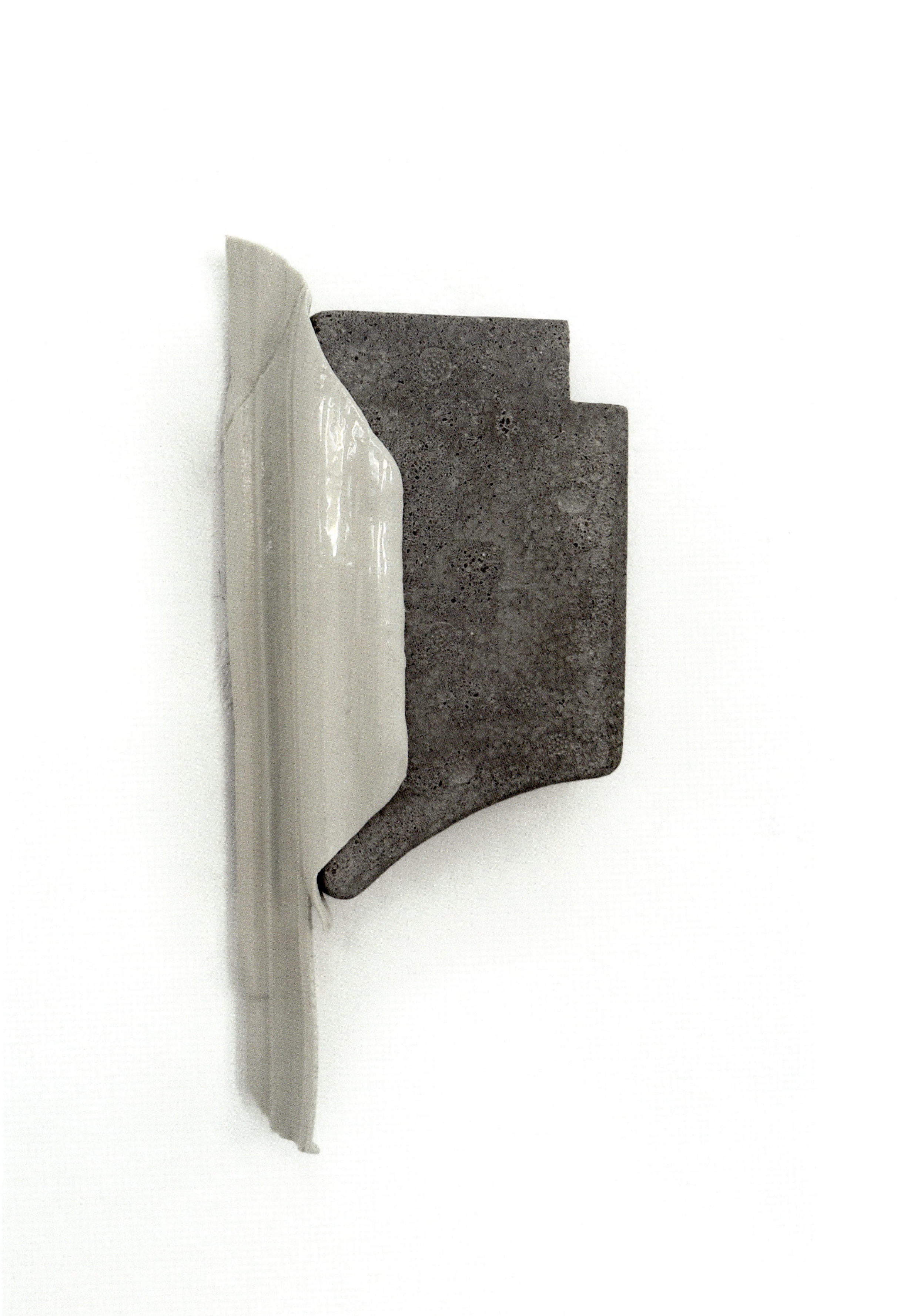

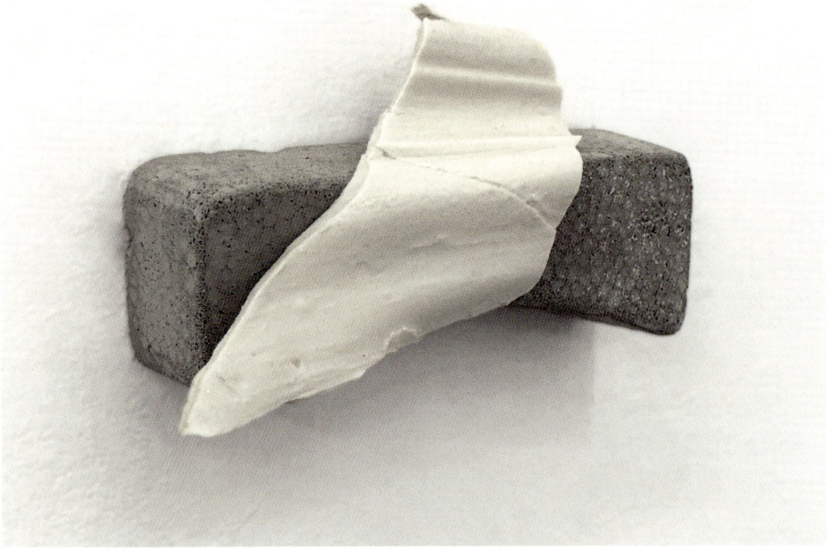

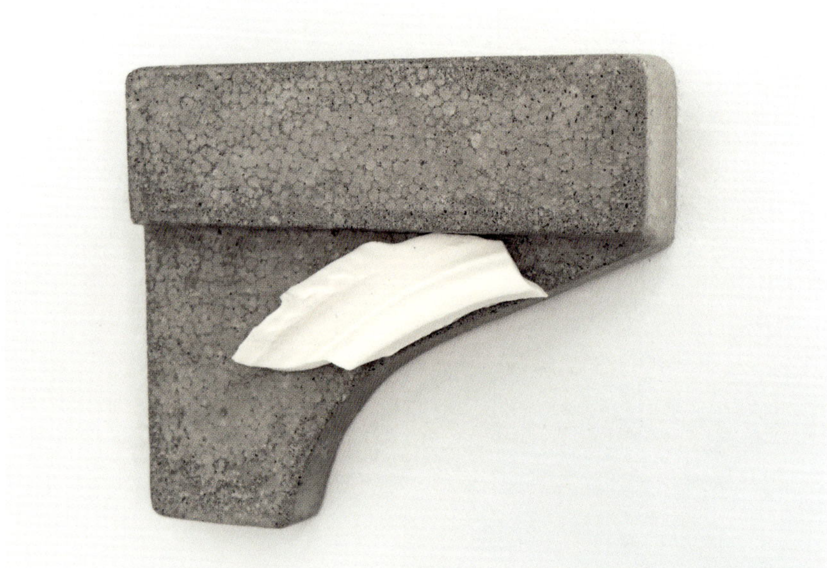

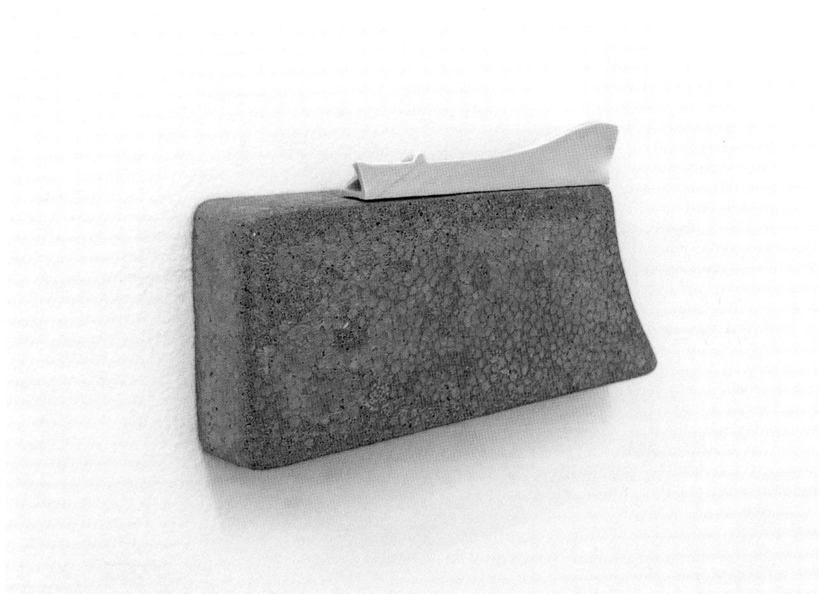

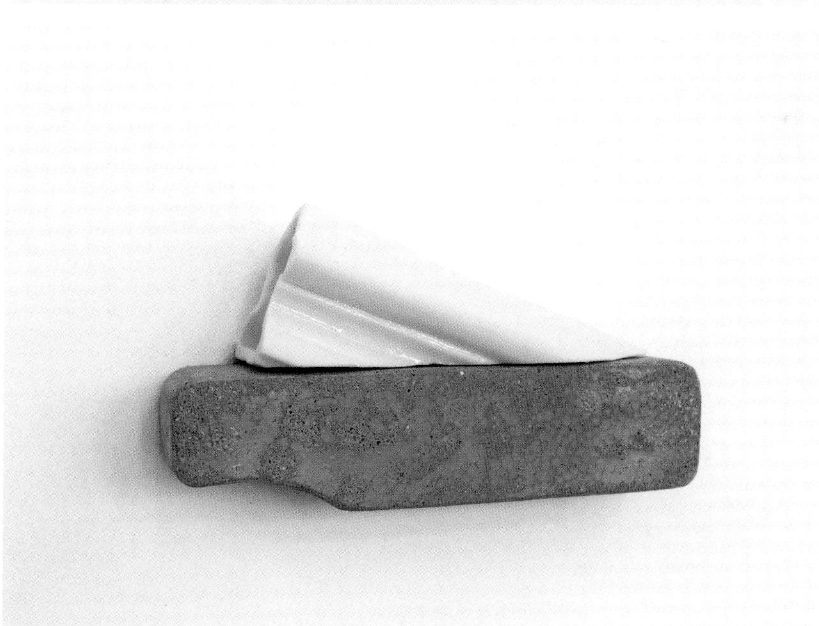

DOPPEL T
2022
STAHL, BETON

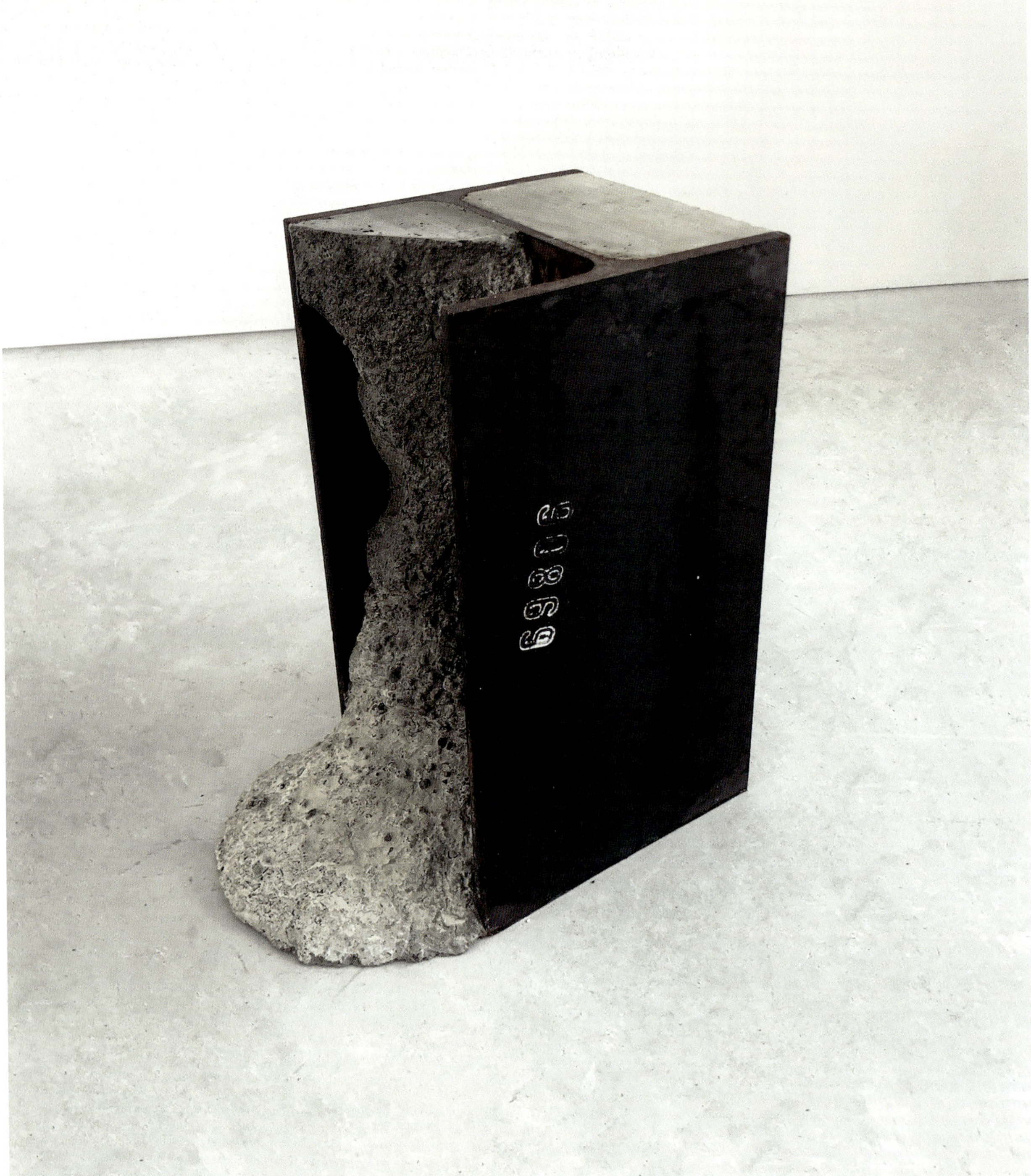

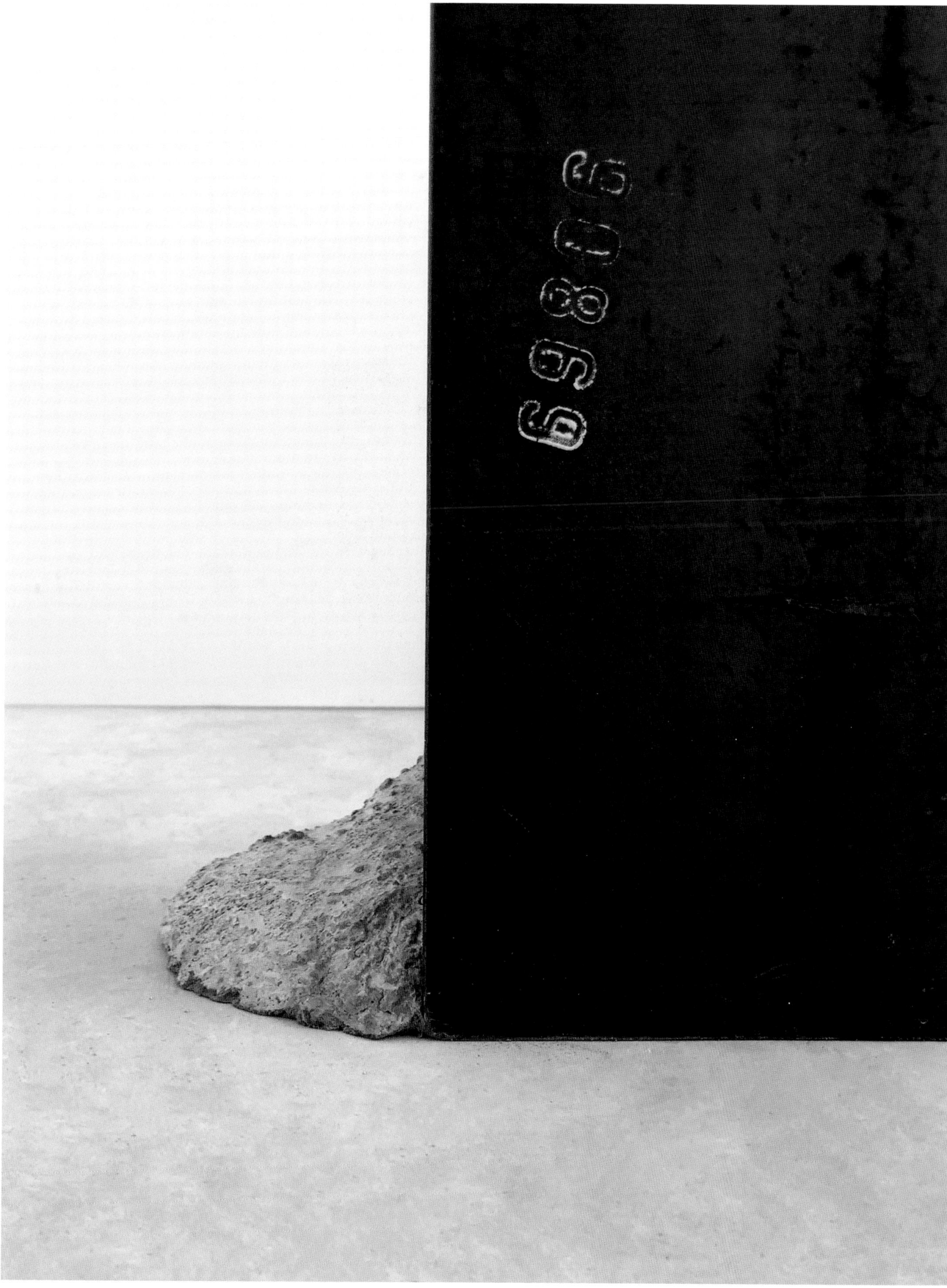

WATCHING OUT
2022
MARMOR, STAHL

AND VICE VERSA]
ELOXIERT, ELEKTRONIK, HOLZ, BETON

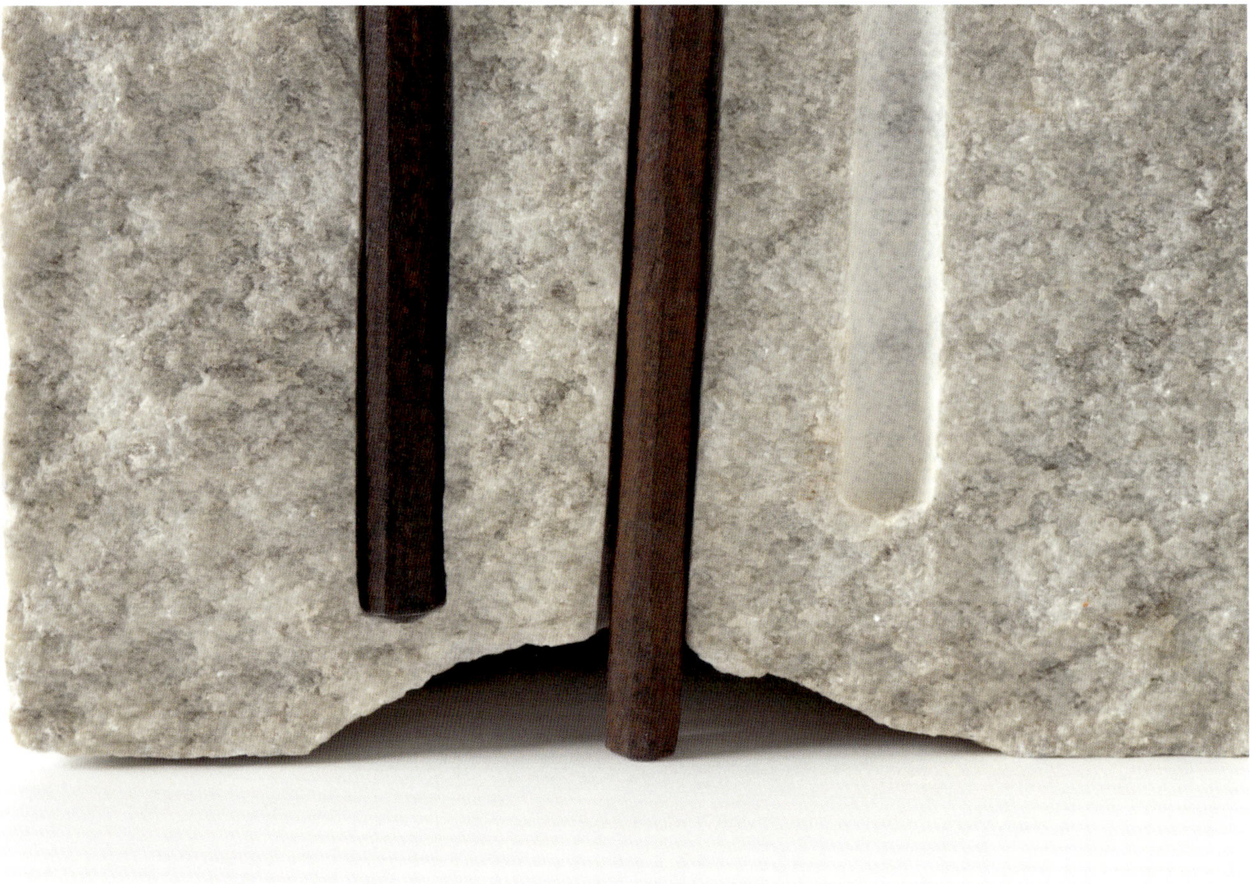

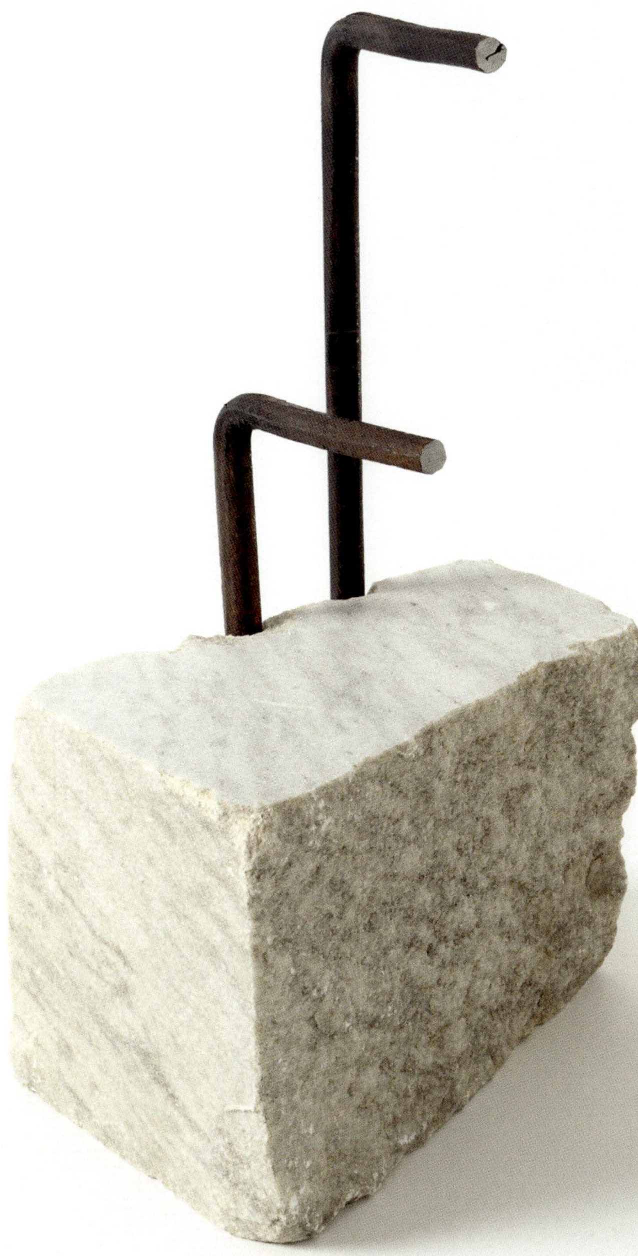

TABLEAU VIVANT
2020
STAHL, MOBILTELEFONE, VIDEO

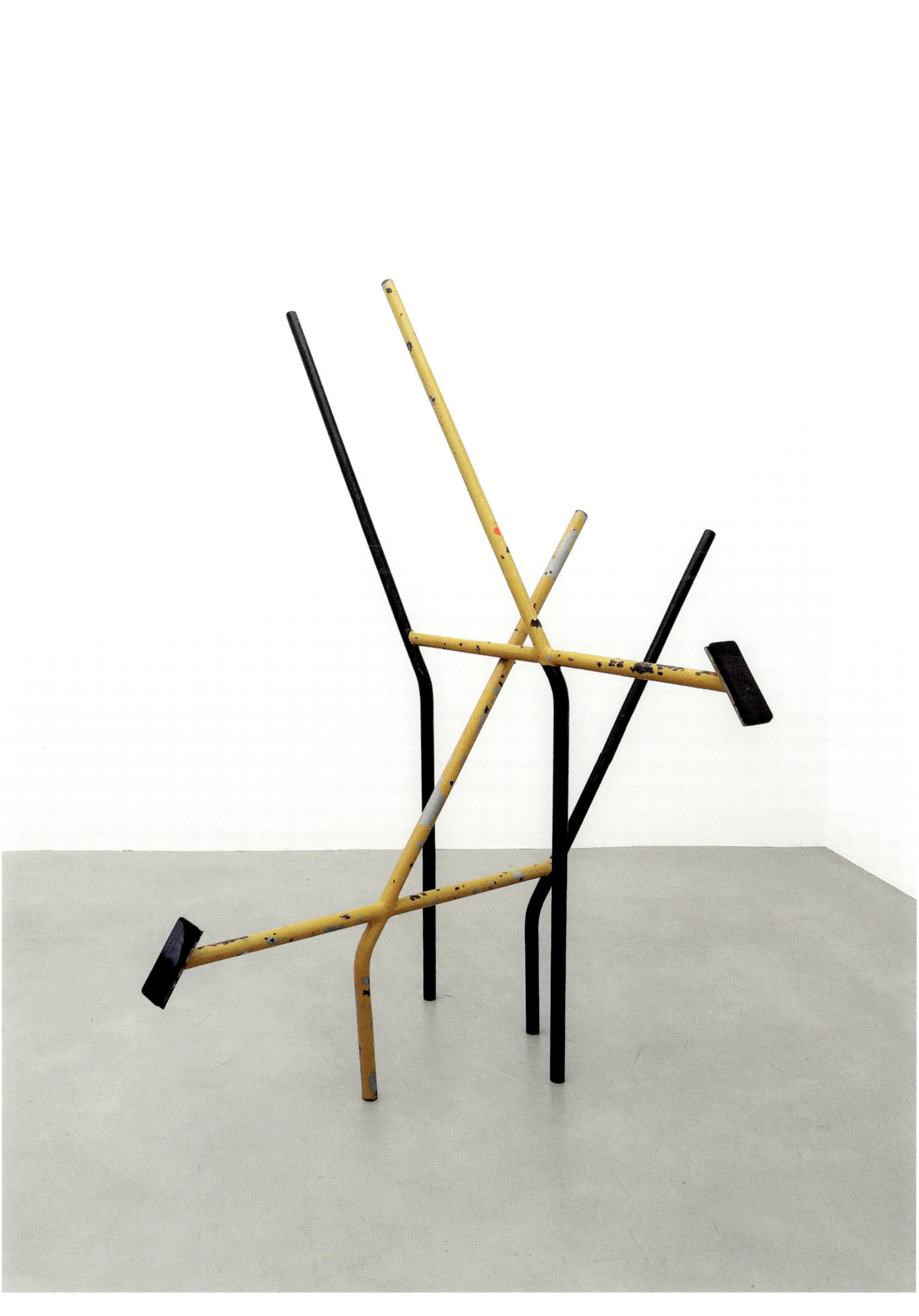

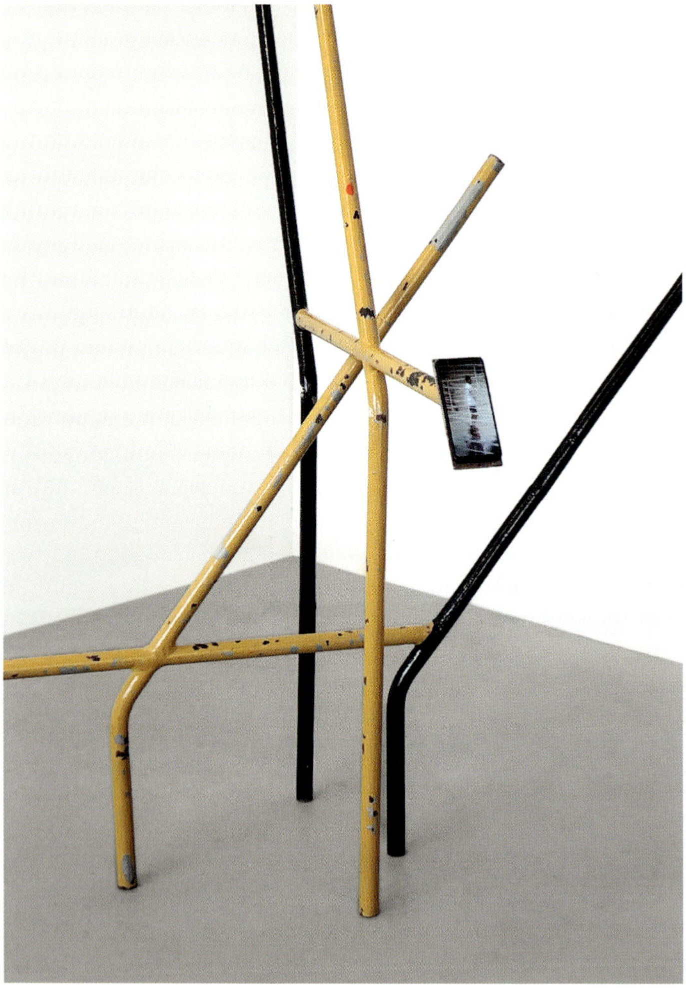
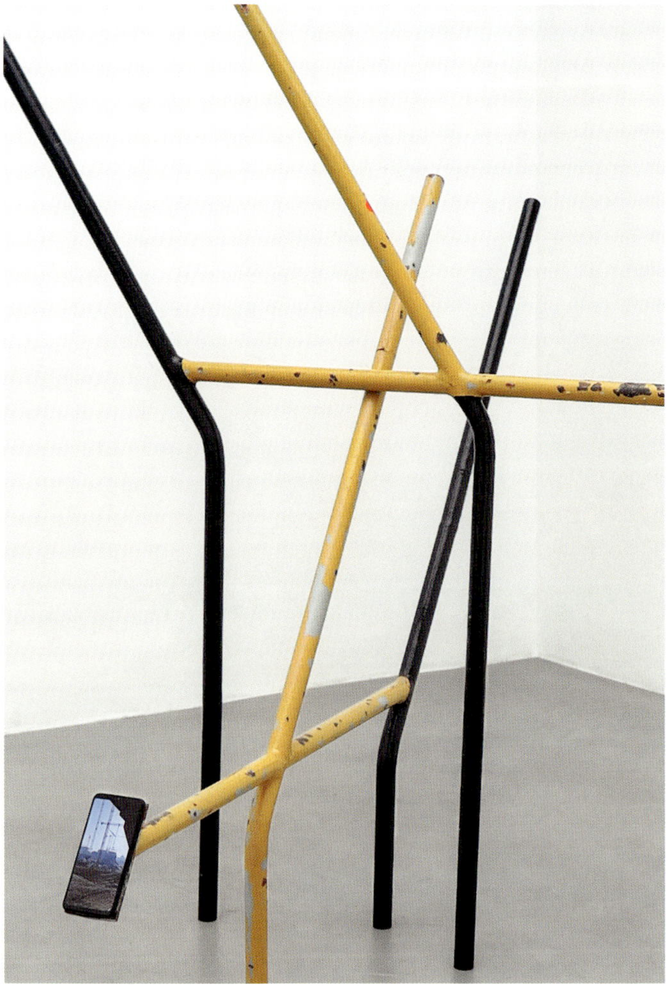

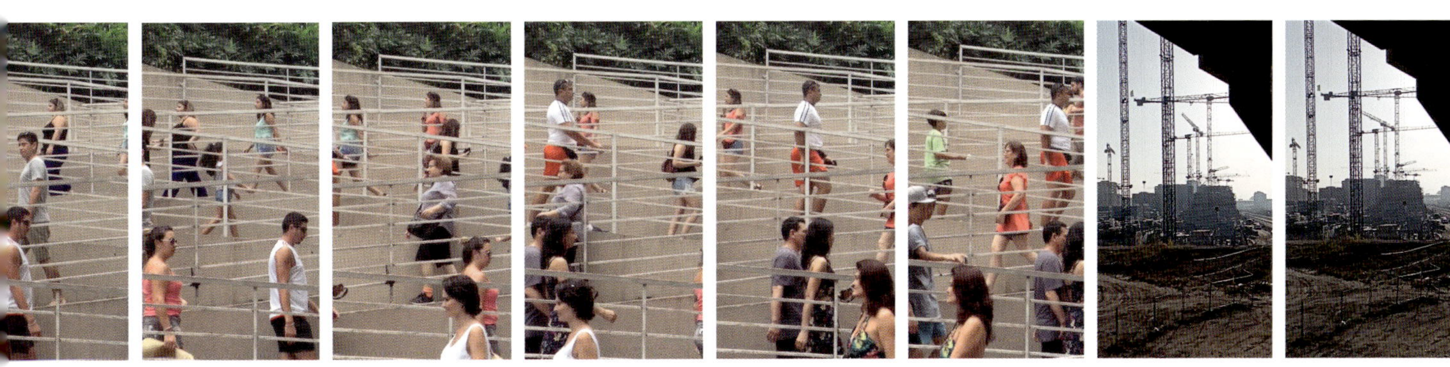

TIGHT CROSSINGS_II … AND VICE VERSA]
2020
STAHL … ELOXIERT, ELEKTRONIK, HOLZ, BETON

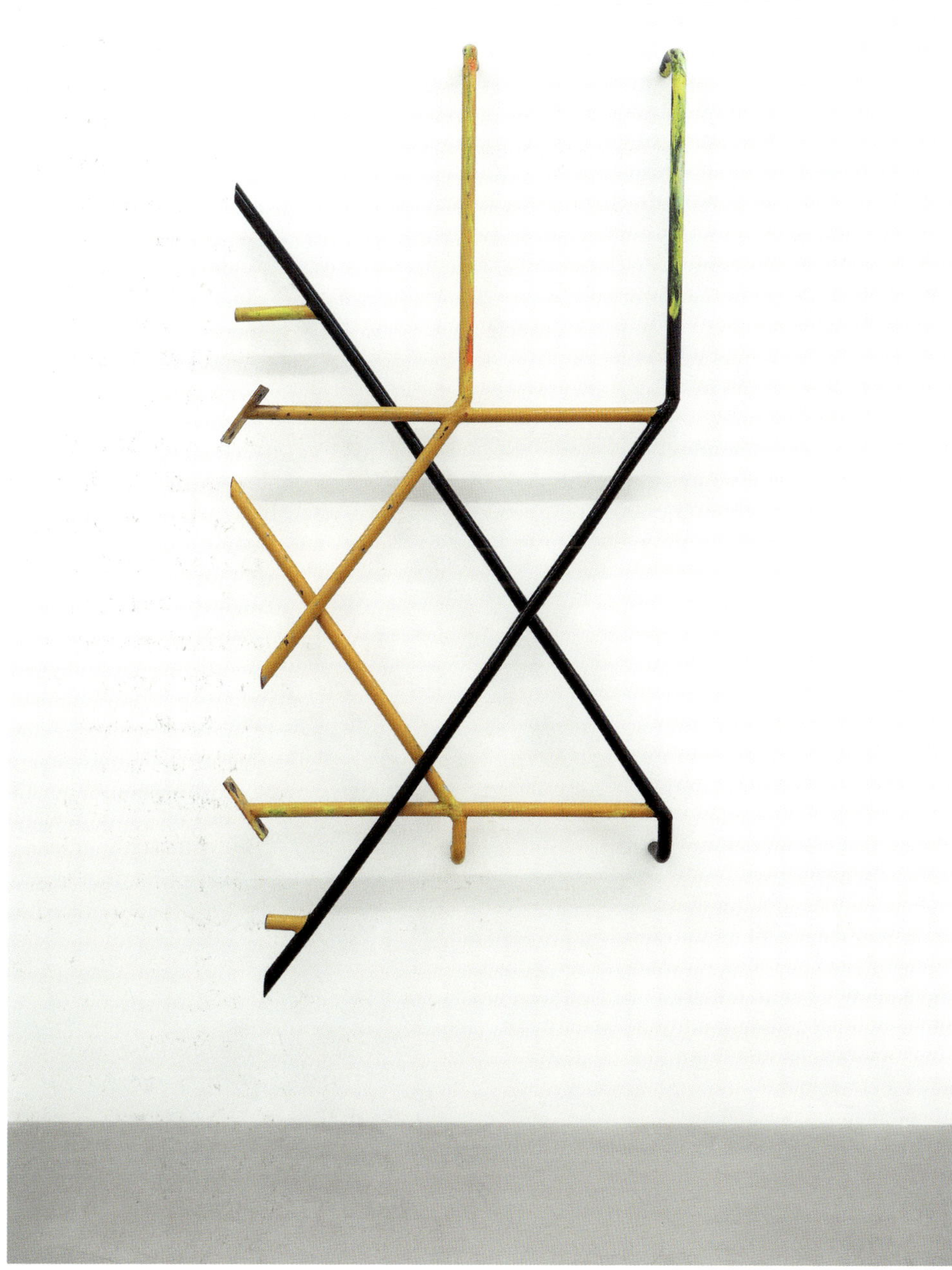

TIGHT CROSSINGS_I [illegible] AND VICE VERSA)
2020
STAHL, WANDFARBE [illegible] ELOXIERT, ELEKTRONIK, HOLZ, BETON

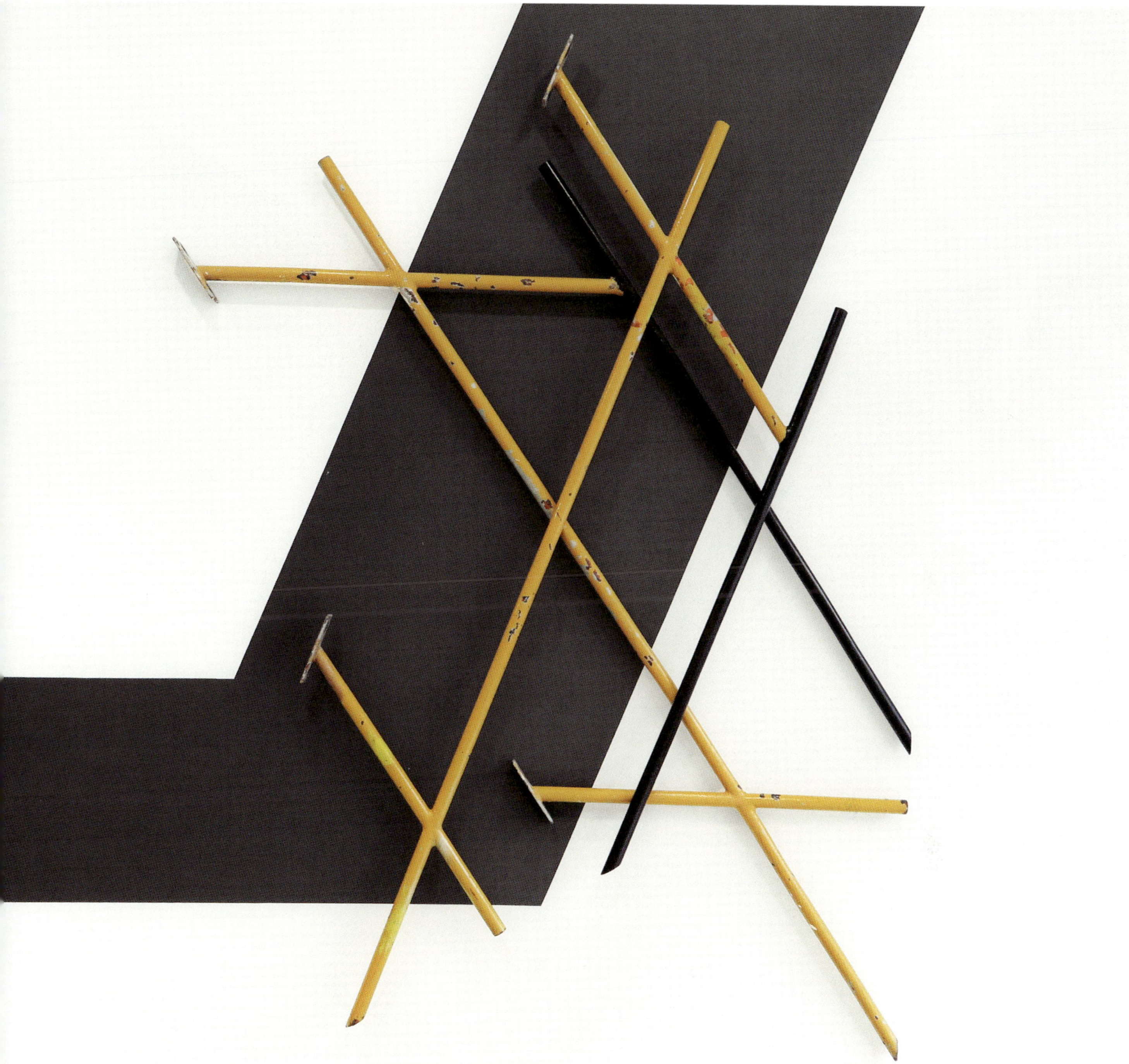

FOLLOW ME!
2019 – 2022
HOLZ, STAHL, BETON ELOXIERT, ELEKTRONIK, HOLZ, BETON

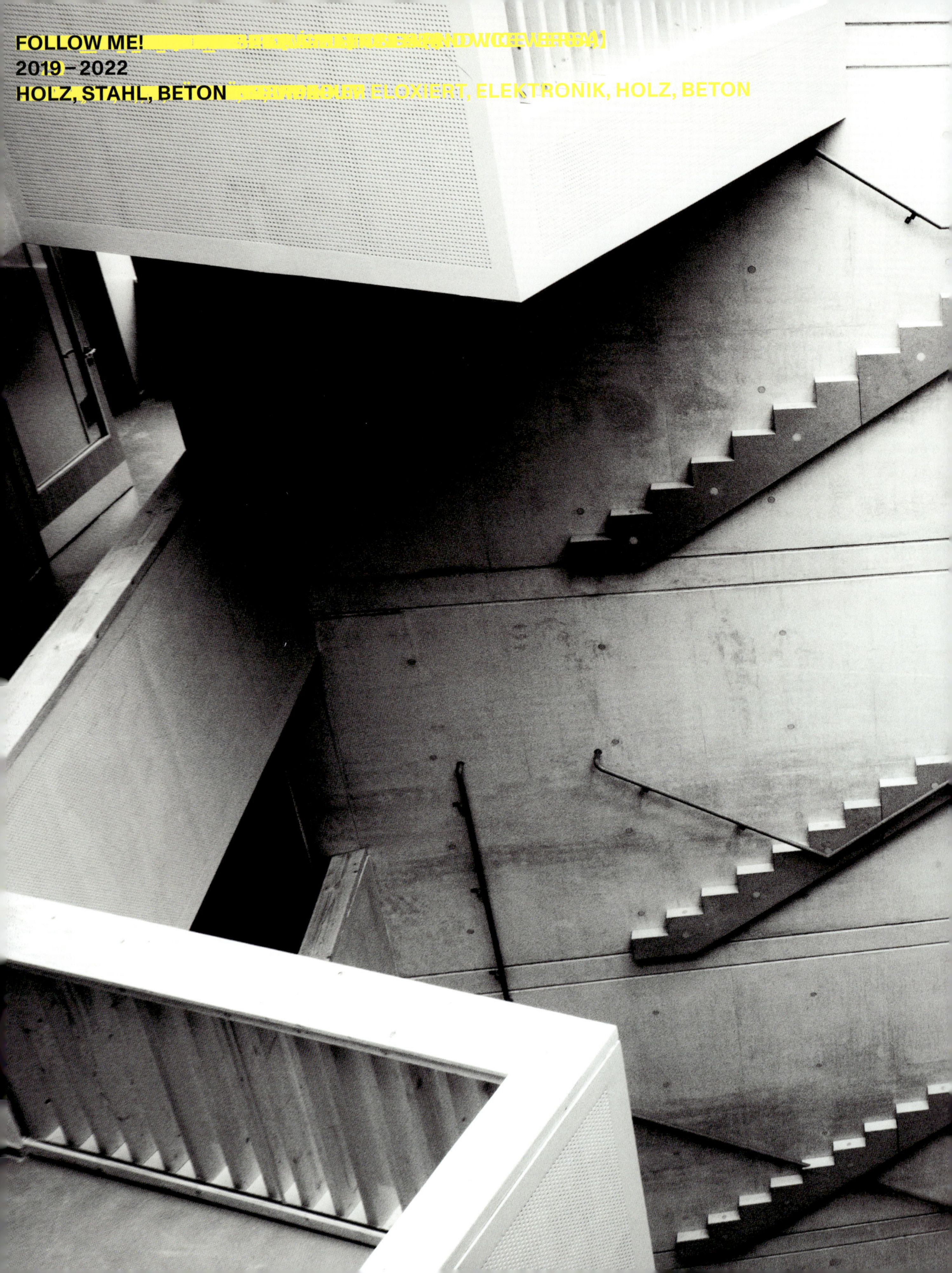

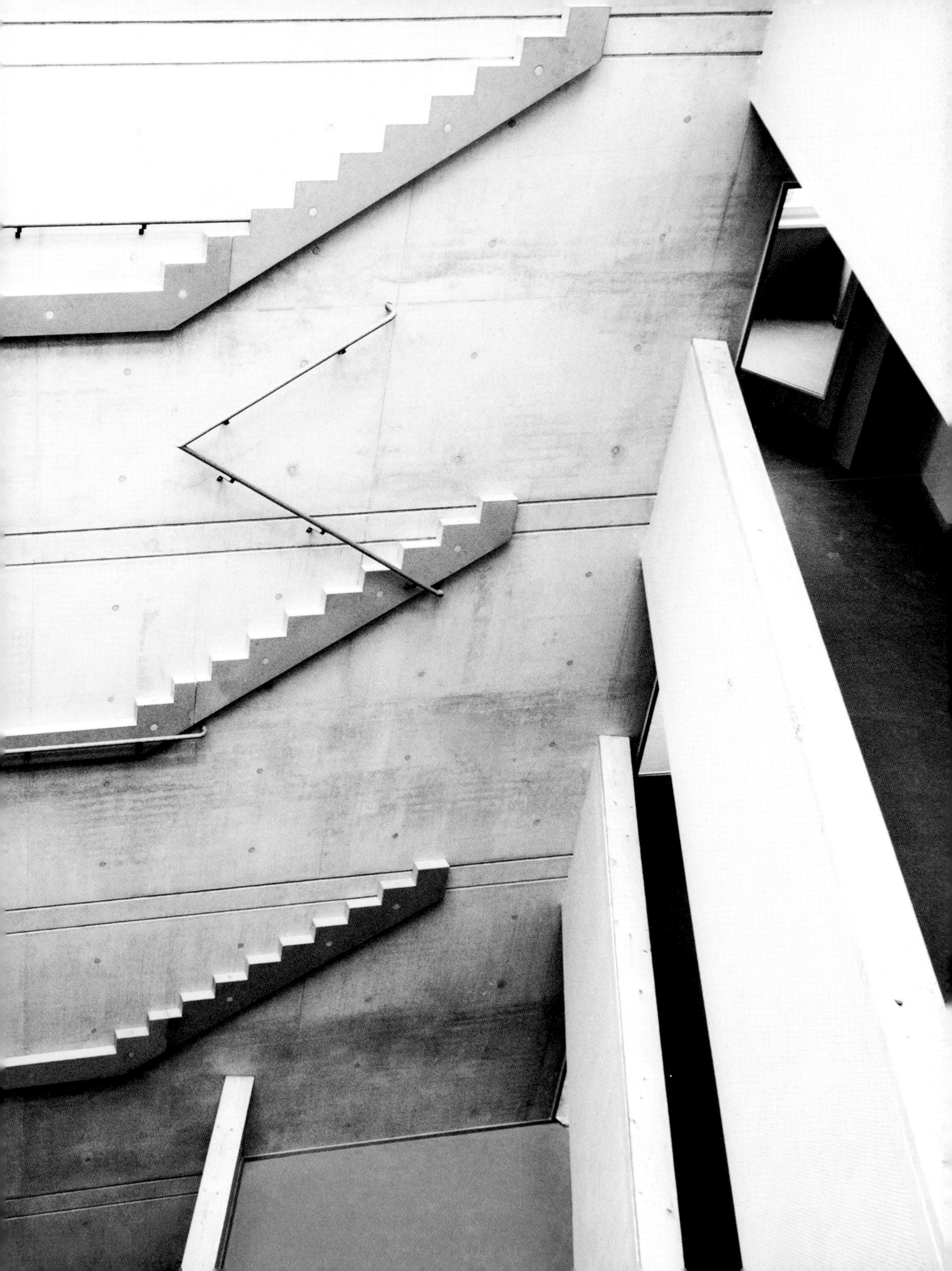

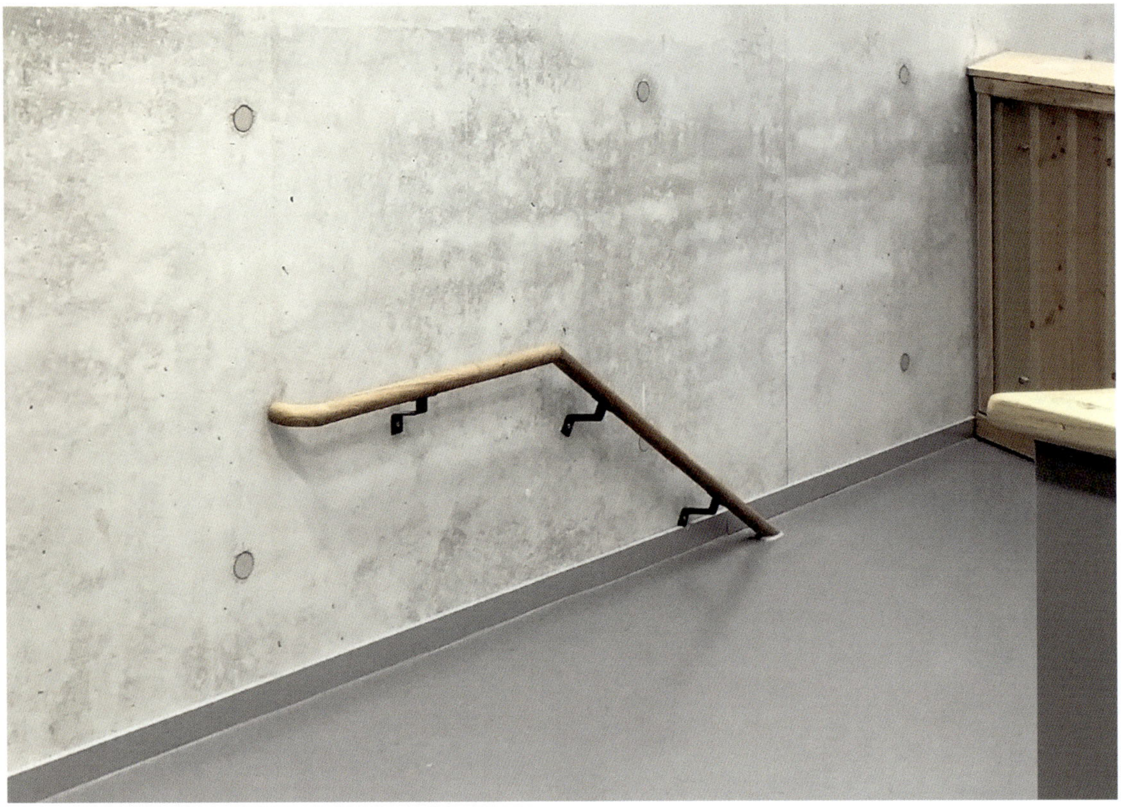

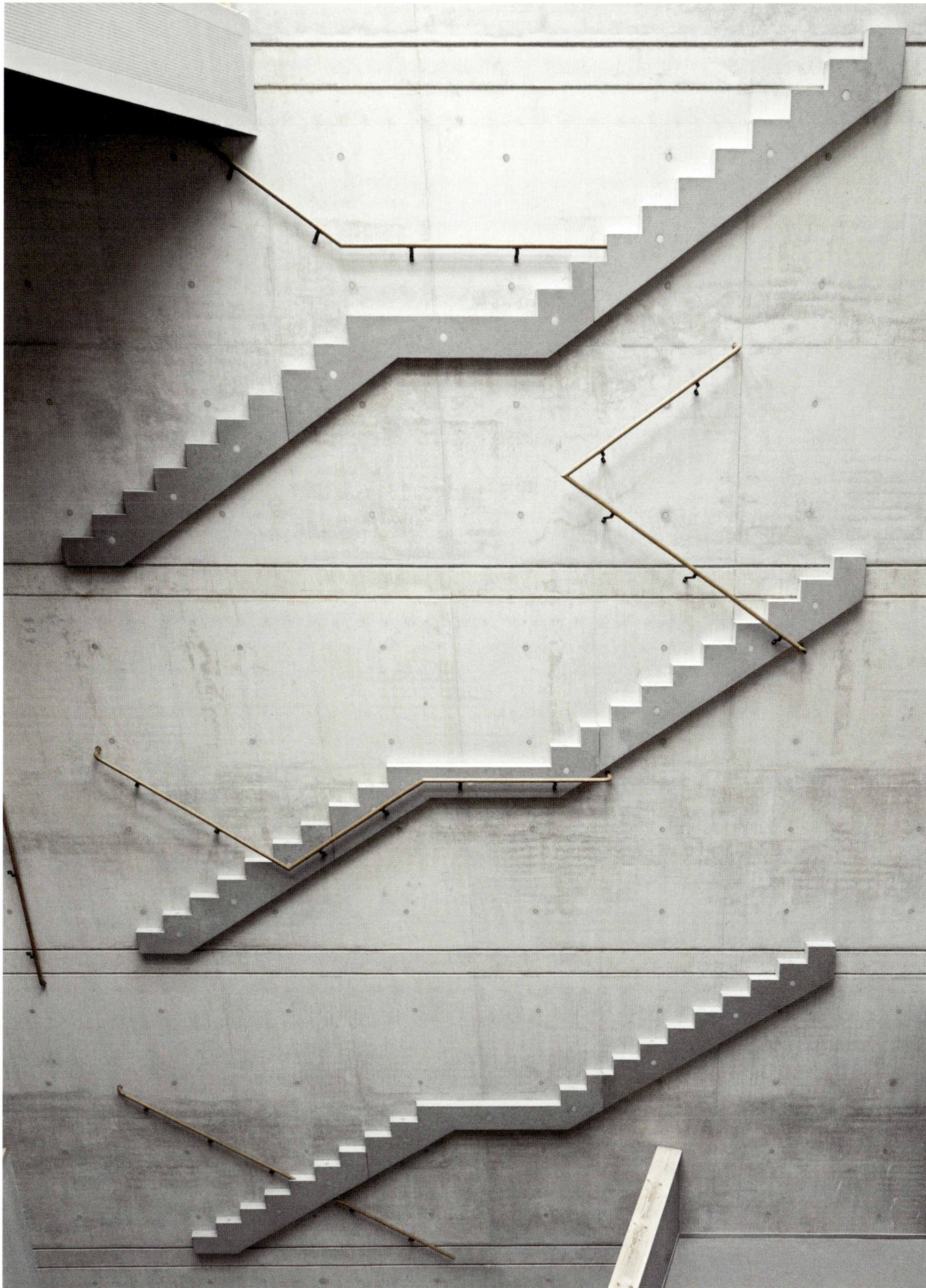

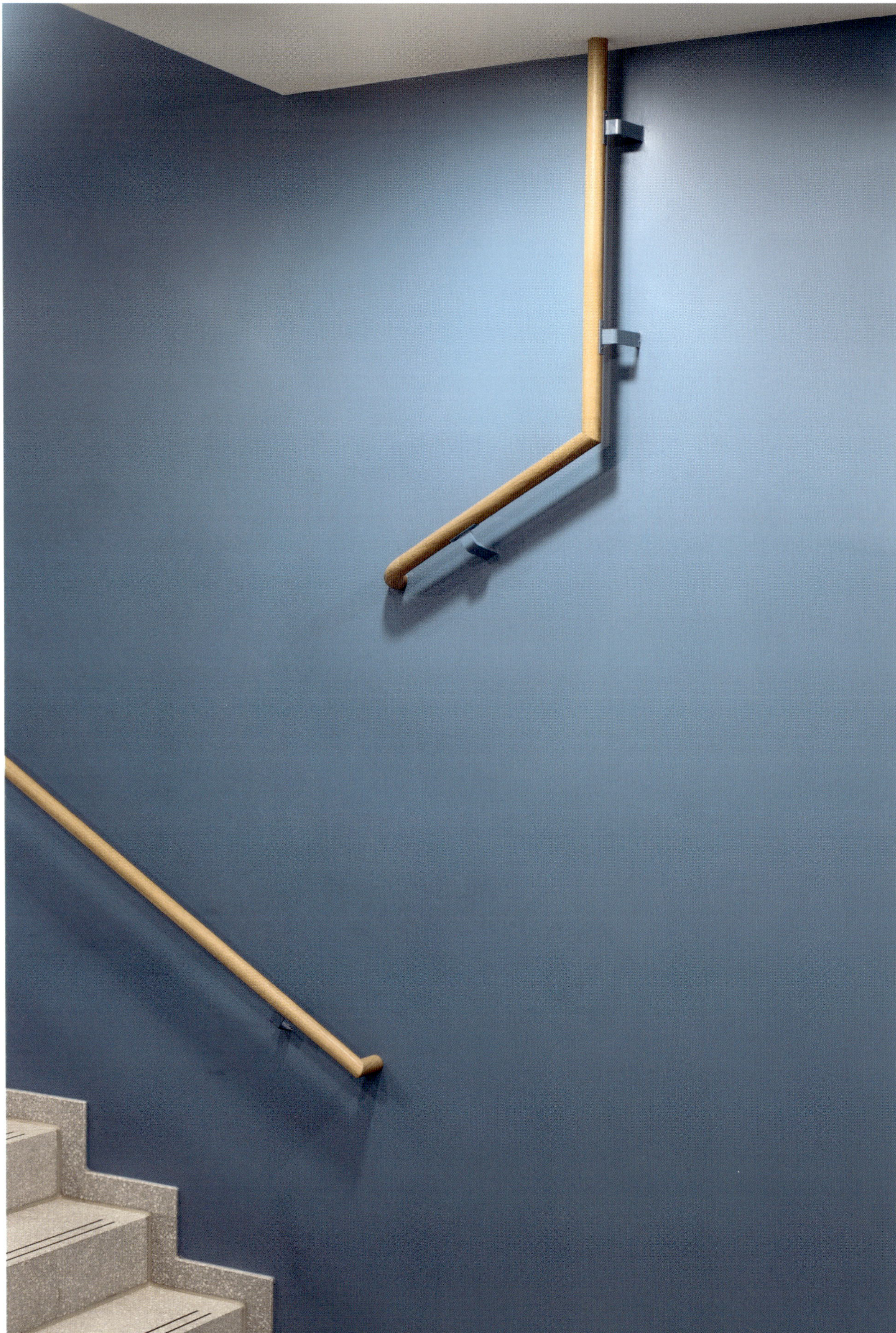

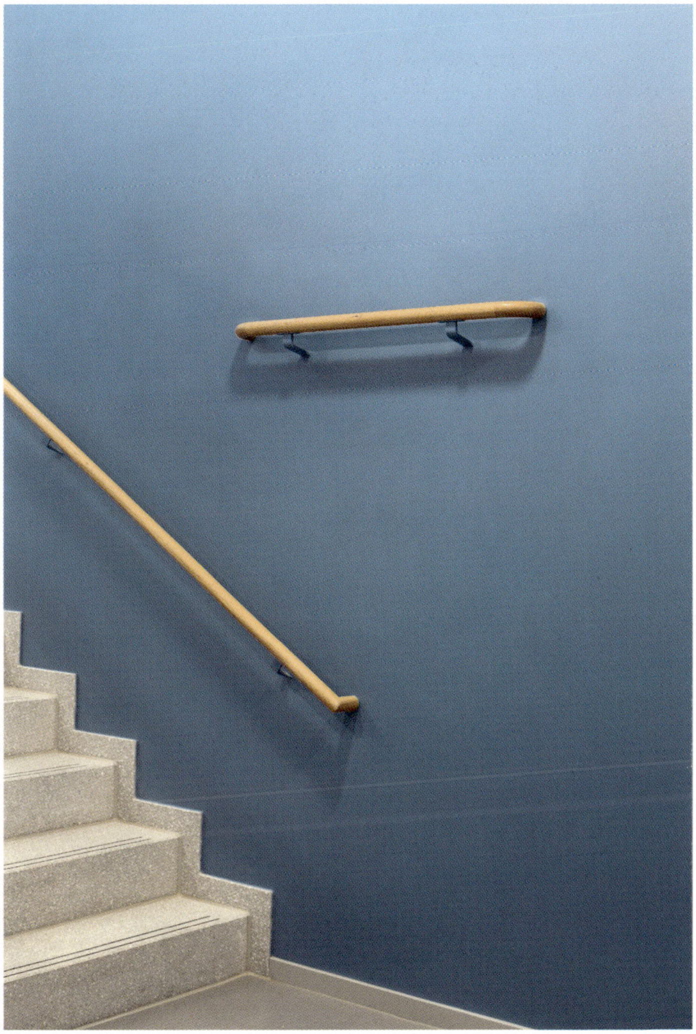

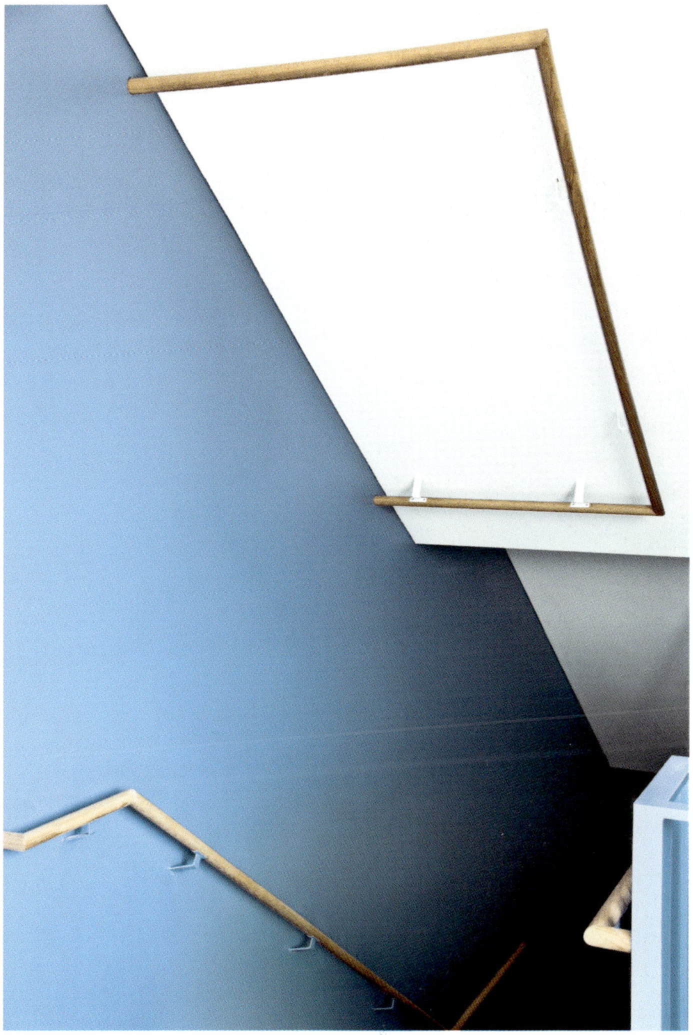

RALF CHRISTOFORI

SAME SAME BUT DIFFERENT – KUNST UND LEBEN IM BILDHAUERISCHEN WERK VON VANESSA HENN

„Wenn ein Mensch merkt, dass er zwei Leben hat, ein abstraktes, in dem er mit seinen Gedanken 【seinem Geist】 lebt, und ein konkretes, in dem er auch mit seinen Gedanken lebt, endet er entweder wie der Verrückte, der eins von seinen beiden Leben aus Angst versteckt und das andere vorspielt – oder er endet wie der Künstler, der keine Angst hat und beide riskiert.“[1]

a

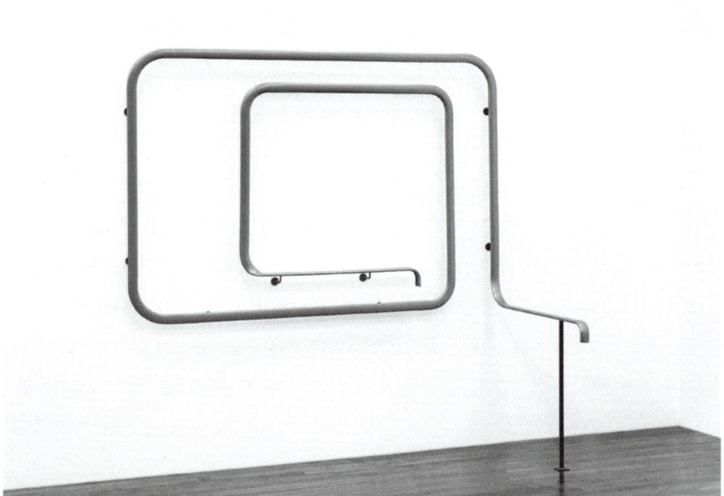

I.

In Zeiten, in denen die Aufmerksamkeitsmaschinerie der Sozialen Medien die reale Begegnung mit der Menschen- und Dingwelt zunehmend durch Bilder ersetzt, kommt es darauf an, möglichst fotogen zu sein. Natürlich kann man sich darüber streiten, ob diese instantane Erfahrung aus zweiter Hand, die einem über hochaufgelöste Displays und Benutzeroberflächen vermittelt wird, weniger real ist. Fest steht jedoch, dass sie anderen Prämissen folgt. Wer zum Beispiel Künstler*innen und deren Werken oder Museen und deren Ausstellungen auf Instagram folgt, kann sich schnell einen Überblick verschaffen und hier und da ein ‚Like' setzen. Das kommt gut und geht schnell. Zumal laut wissenschaftlichen Studien die durchschnittliche menschliche Aufmerksamkeitsspanne inzwischen kürzer als die eines Goldfisches [9 Sekunden!] ist. Tendenz fallend. In diesem kurzen Augenblick wird also entschieden, ob mich etwas interessiert oder nicht.

[1] Michelangelo Pistoletto, „Die letzten berühmten Worte" [1967], in: Nike Bätzner [Hg.], Arte Povera – Manifeste, Statements, Kritiken, Dresden und Basel 1995, S. 214.

Die Arbeiten der Bildhauerin Vanessa Henn sind überaus fotogen. Und sie interessieren mich sehr. So sehr, dass ich den Goldfisch Goldfisch sein lasse und ihrem Werk über Stunden und Tage meine volle Aufmerksamkeit schenke, um einen Text zu schreiben. Zugegeben: Viele ihrer plastischen Arbeiten kenne ich nur aus der bildhaften Anschauung. Und dass ich diesen misslichen Umstand reflektiere, macht es nicht besser. Aber ich kann mich zumindest darauf berufen, einige Arbeiten tatsächlich live erlebt zu haben.

So streife ich also – in Gedanken, vor dem inneren Auge und auf dem Bildschirm – durch die Skulpturen und plastischen Gebilde von Vanessa Henn. Ich versuche, mich ihnen anzunähern, sie aus dem Augenwinkel zu betrachten, umkreise sie im Raum und an der Wand. Ich erinnere mich an die Begegnung mit einer ihrer frühen Arbeiten, die einen nachhaltigen Eindruck hinterlassen hat: ein goldfarbener Handlauf, der auf Hüfthöhe beginnt, auf eine Wand zuläuft und dort eine rechteckige Spirale formt. Aus dem Material, das sie seiner eigentlichen Bestimmung beraubt, erschafft Vanessa Henn ein Kunstgebilde, von dem man nicht weiß, ob es Bild oder Plastik sein will. Konkrete Kunst vom Feinsten, klug und hintergründig zu einem Werk geformt. STEADY AS SHE GOES[a] [2006] ist ein markanter Einstieg, in dem bereits die Konzentration und Konsequenz aufscheint, mit der Vanessa Henn ihre Arbeit verfolgt.

II.

In den meist gefundenen, ausrangierten Handläufen und Treppengeländern aus Holz, Eisen oder PVC findet Vanessa Henn ihr bevorzugtes Material. Sie spielt und experimentiert damit, verschiebt die Wahrnehmung, lässt die Dingwelt gegen die Kunstwelt antreten, ohne dass sie sich als Spielerin auf eine der beiden Seiten schlagen würde. Es ist beileibe kein einfaches Spiel. Aber die Gabe, Arbeiten auf den Punkt zu bringen, hat die Bildhauerin verinnerlicht. Sie verleiht abgegriffenen geschwungenen Handläufen aus Holz ein zweites Leben, SECOND LIFE I[b] [2009], als züngelnde Schlangen, die Caravaggios Medusenhaupt entsprungen sein könnten. Dann wieder verdichtet sie antike Holzhandläufe zu einem mäandernden MONOBLOC[c] [2014] oder formt mit massivem Kraftaufwand aus einem schmiedeeisernen Handlauf einen veritablen WHEELIE [2019] [S. 123].

Noch so ein Gegenstand aus der häuslichen Dingwelt, an dem man ansonsten achtlos vorbeigeht: das Gitter. Rund oder eckig, in jedem Fall schützend, Eindringlinge fernhaltend. Für Vanessa Henn sind solche Gitter ein gefundenes Fressen. Sie macht sich mit schwerem Besteck an ihnen zu schaffen, sägt ein Parallelogramm in die Stahlstreben und biegt sie auf (BRECHUNG UND BEWEGUNG — PARALLELS[d] [2015]). Etwas Ähnliches widerfährt einem runden Fenstergitter in ROUND CUT YELLOW [2019] [S. 120]. Dass diese Arbeiten – wenn man ein Auge schließt – an den frühen Paravent LA COMBE [1951] von Ellsworth Kelly oder die konkreten Malereien eines Max Bill, Richard Paul Lohse oder Horst Bartnig erinnern, ist kein Zufall.

b

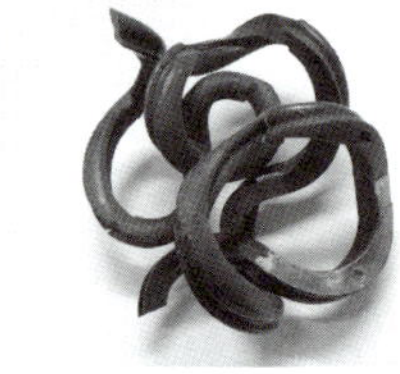

c

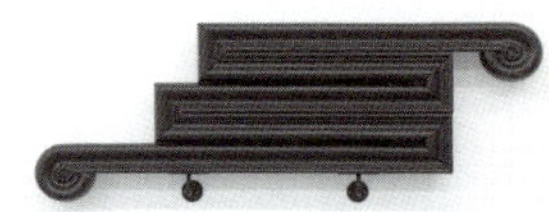

d

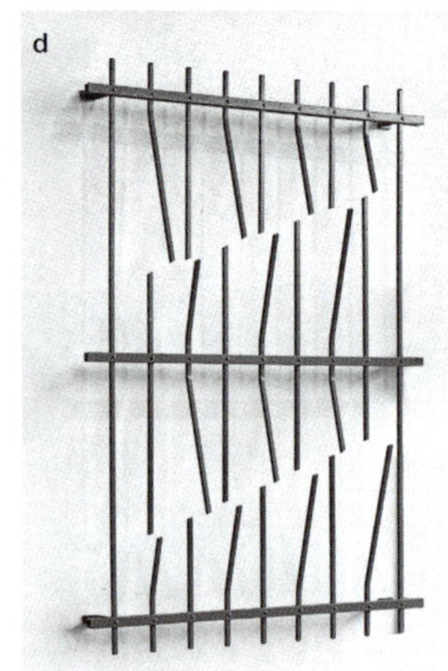

Interessant ist, dass diese kunstimmanenten Bezüge und Referenzen in Vanessa Henns Arbeiten zwar schwer wiegen, aber stets leichtfüßig und man möchte fast sagen beiläufig erscheinen. So verschweigt ihr Minimalismus keineswegs die Wurzeln der amerikanischen Minimal Art, die sich ab den 1960er-Jahren auf einfache Formen und Volumen beschränkte, um der bis dato vorherrschenden „Essenz" eines Kunstwerks den Zahn zu ziehen und stattdessen auf schiere „Präsenz" zu setzen.[2] Die Vorstellung davon, was ein Werk sein kann, wurde damit auf den Kopf gestellt. Noch eklatanter veränderte sich die Rezeption des Werks in seinem Bezug zum Raum und zu den Betrachter*innen: Die huldvolle Verehrung wurde buchstäblich vom Sockel geholt und durch Teilhabe ersetzt, die fokussierte Betrachtung um ein peripheres Sehen erweitert.

[2] Vgl. Gregor Stemmrich [Hg.], Minimal Art – Eine kritischea Retrospektive, Dresden und Basel 1995; hier: S.11 ff.

Diese weitreichenden Einflüsse der Minimal Art sind auch bei Vanessa Henn deutlich vernehmbar. Ihre Kunst kommt mit wenig aus – auch in einem ökonomischen Sinne. Je nachdem, ob man das Material, das sie verwendet, in den Blick nimmt oder die reduzierten Formen, die sie daraus erschafft, finden sich in ihren Arbeiten Referenzen zur Arte Povera genauso wie zur Konkreten Kunst. Genau genommen lässt sich das bei Vanessa Henn gar nicht trennen: Denn konkret ist ihre Kunst nicht nur in einem formal-abstrakten Sinne, sondern immer in Verbindung mit den Geschichten, die ihre gefundenen Objekte erzählen. Weder die Gitter und Handläufe noch die anderen Materialien, die später in ihre künstlerische Arbeit Eingang finden, können die Lebenswirklichkeit, aus der sie stammen, verleugnen.

So schließt ihre Kunst die Prämissen der Minimal Art, der Konkreten Kunst und der Arte Povera stets mit ein. Sie begleiten jenen „individuellen künstlerischen Aneignungs- und Wandlungsprozess" [3], den die Künstlerin selbst so beschreibt: „Ich beobachte, dokumentiere, suche oder finde. Ich sammle, arrangiere und kombiniere. Das Material bildet den Ausgangspunkt meiner

[3] Zit. n. Ralf Christofori, Poetische Punktlandung – Vanessa Henns Drop-Skulptur in Heidenheim, in: Werk 10 – Bildhauersymposium Heidenheim, Heidenheim 2010, S.49.

künstlerischen Auseinandersetzung. Meist sind es profane Objekte aus dem urbanen Umfeld, die ich auswähle und umarbeite. Ich reagiere auf Form, Farbe oder Oberfläche, verändere seine ursprünglich angelegte Position im Raum. Das Objekt wird somit aus dem Kontext genommen, es ist ‚deplatziert' und siedelt sich nun im Raum zwischen Kunst und Leben an." [4]

[4] Vanessa Henn, Über meine künstlerische Arbeit, unveröffentlichtes Artist Statement, 2020, o.P.

III.

Indem Vanessa Henn also gefundene Objekte als Material begreift und bearbeitet, verlieren diese zwar ihre Funktion, gewinnen aber enorm an Präsenz. Das gilt insbesondere für die „deplatzierten" Solitäre, die sie im klassischen White Cube von Galerie- und Museumsräumen präsentiert. Die Arbeit KINKY [GRENZE] von 2019 ist in diesem Zusammenhang ein Spezialfall, weil sie als Skulptur an jedem neuen Ort die Frage der impliziten oder expliziten Ortsspezifik noch mal neu verhandelt. Dabei geht es originär um ein Brückengeländer, das von einem umgestürzten Baum erschlagen wurde. Ein Freund der Künstlerin wurde in einem Waldstück bei Kerpen darauf aufmerksam und schickte der Künstlerin ein Foto [das sie übrigens in der Fotoedition NO PRESSURE wiederverwendet] [S. 91]. Das wundersam verformte Geländer wird professionell geborgen, nach Berlin transportiert, im Atelier von Vanessa Henn aufbereitet, statisch austariert und schwefelgelb lackiert.

Im Jahr seiner Entstehung präsentiert Vanessa Henn das Werk KINKY [GRENZE] im Garten des Landhauses de Burlet in Berlin-Schlachtensee. Es steht auf einer Wiese, unter Bäumen. Das ursprüngliche Brückengeländer wirkt angesichts der fehlenden Brücke tatsächlich „deplatziert", aber als Skulptur umso stärker. Kurze Zeit später stellt die Künstlerin die Arbeit in einer Ausstellung der Berliner BcmA Gallery[e] aus. In dem nicht gerade geräumigen Projektraum erscheint dieses Werk als Form, als Narrativ, als Fremdkörper, als Werk ohne Autor [?] geradezu absurd monumental. Kein Künstler hätte sich so etwas ausdenken können [am ehesten vielleicht noch Andreas Slominski]. Kein Mensch hätte eine derart mächtige Skulptur mit eigener Kraft hier reinbekommen [am ehesten noch Vanessa Henn]. An jedem neuen Ort entwickelt also das deformierte und deplatzierte Geländer eine ganz eigene Präsenz. Der Kontext verändert die Arbeit und die Arbeit den Kontext, aus dem sie nachweislich nicht stammt. Das gilt auch für jenen Ort, an dem die Skulptur inzwischen ihren festen Platz gefunden hat: nämlich auf dem Seegrundstück eines Sammlers, das früher einmal die Liegewiese eines Strandbades war [S. 100].

e

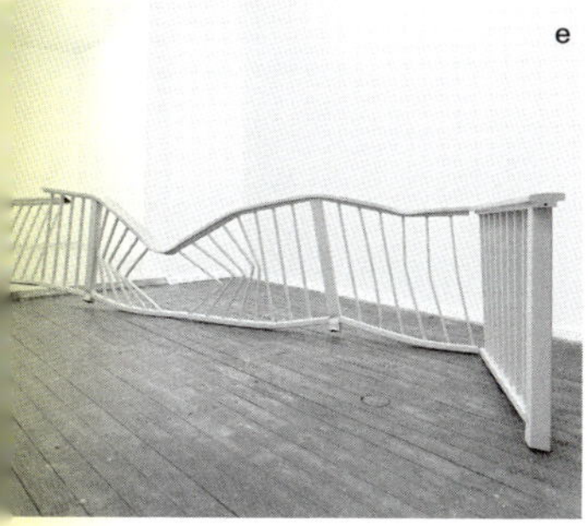

In ihren von vornherein ortsspezifischen Arbeiten ist zumindest die Ausgangslage eindeutiger, weil die Künstlerin dort neben der Form, Farbe oder Oberfläche auch auf den Kontext reagiert. Für die Ausstellung MIND THE GAP im Museum für Konkrete Kunst Ingolstadt konzipiert Vanessa Henn 2020 zwei Arbeiten, die gezielt auf die Architektur des Musemsbaus Bezug nehmen.

Konkret geht es um die markanten Edelstahlgeländer, die die Treppen und offenen Etagen des Ausstellungshauses einfassen. Über einem Lichtschacht positioniert die Künstlerin einen geschlossenen weißen Kubus, der einen Teil des bestehenden Geländers einfasst. Den ‚verschwundenen' Teil des Geländers baut sie exakt nach und lässt ihn gekippt aus dem Kubus ragen. Der rote Handlauf aus PVC läuft auf dem Boden schlangenförmig aus. INNERSTES NACH AUSSEN nennt die Künstlerin diese Intervention, die ebenso feinsinnig wie brachial erscheint [S. 22ff.]. Wirklich draußen, an der rückwärtigen Fassade des Museumsgebäudes, realisiert Vanessa Henn die zweite Arbeit ICH HABE GERNE GEWARTET. Dort macht sie sich am Geländer einer Außentreppe zu schaffen. Der rote Handlauf, den sie dort anbringt, würde vermutlich kaum Aufmerksamkeit erregen, würde er nicht in langen Schleifen vom Geländer hängen. Ein Makel, ja. Bewusst inszeniert, um den Blick dorthin zu lenken, wo sonst keiner hinschaut [S. 102ff.].

Weit weg von den angestammten Kontexten des Kunstbetriebs beteiligt sich Vanessa Henn an einer Ausschreibung für ein Kunst-am-Bau-Projekt an der neu gebauten Emanuel-Lasker-Oberschule, Berlin. An einer sich über mehrere Stockwerke erstreckenden Wand führen Treppenstufen nach oben, die zwar als betonierte Reliefs sichtbar, aber nicht begehbar sind. Handläufe aus Vollholz verlaufen völlig sinnfrei diagonal nach oben und unten. Im eigentlichen Treppenhaus, das sich direkt hinter der hohen Wand befindet, kehren die Handläufe wieder – als funktionierendes Treppengeländer, aber auch an Decken und Wänden, wo sie verschwinden, um an anderer Stelle wieder aufzutauchen. FOLLOW ME! [2019–2022], so der augenzwinkernde Titel des Kunst-am-Bau-Projekts, führt die Benutzer*innen in die Irre und die Betrachter*innen an der Nase herum. Wunderbar gelungen – und auch als Bildmetapher genau am richtigen Platz: Denn wer würde den Schüler*innen der Oberschule ernsthaft weismachen wollen, dass Schule immer sinnvoll und der ‚Ernst des Lebens' stets die vorgesehene Richtung nimmt [S. 76ff.]?

Dass offensichtlicher Unsinn bisweilen dazu führt, die Fantasie anzuregen, hat Vanessa Henn in Peccia, einem kleinen Dorf im schweizerischen Vallemaggia, äußerst treffsicher unter Beweis gestellt. Die Arbeit A RAILING GROWING THROUGH STONES [OR VICE VERSA] realisiert Vanessa Henn 2022 am Rande eines Parkplatzes, der talwärts in einen steilen Abhang übergeht. Die Künstlerin montiert dort ein stabiles Geländer aus Stahlrohren, wie es in der Region überall an den Landstraßen zu finden ist. So weit, so gewöhnlich. Allerdings ist dieses Geländer rosarot lackiert, und ein bisschen schief steht es auch. Die Stahlstreben scheinen sich durch einen mächtigen Gneis-Findling zu bohren; im weiteren Verlauf des Geländers wächst ein weiterer Brocken aus der obersten Strebe, die darunter liegende scheint er verbeult zu haben. Ursache und Wirkung aber bleiben völlig unklar und die Fragen, wer hier aus wem wächst oder wie das alles sein kann, unbeantwortet. „Wir kennen das Phänomen von Bäumen, die Stangen und Felsen oder andere Hindernisse umwachsen. Dass Findlinge dasselbe können, ist nicht bekannt", konstatiert Marie Therese Bätschmann, die das Projekt begleitet hat, trocken[5] [S. 40ff.].

[5] Dr. Marie Therese Bätschmann ist Kunsthistorikerin und leitet seit 2003 Kunstgeschichtliche Seminare an der Scuola di Scultura di Peccia zu verschiedenen Themen der Plastik und Skulptur.

Nicht weit davon im Cristallina-Steinbruch, wo der berühmte Peccia-Marmor abgebaut wird, lässt die Künstlerin ein türkisfarbenes Balkongeländer an einer senkrechten Marmorwand anbringen. In zehn Metern Höhe. Einladend sieht das schon aus, wenn man sich den Balkon dazu vorstellt. Aber den gibt es genauso wenig wie einen Zugang. Der Titel der Arbeit VON HIER AUS KANN ICH DAS MEER SEHEN [2022] weckt sehnsüchtige Wünsche, die sich nicht einlösen lassen. Man fragt sich insgeheim, wie es dazu kommen konnte, dass ein aufwändiger Prozess und eine glänzende Idee am Ende zu nichts führten. Aber halt! Geht es nicht gerade darum, die Sehnsucht, die Verheißung, die Wunschvorstellung unerfüllt zu lassen? Das ist weit mehr als nichts und ein Ertrag, den man der Künstlerin gar nicht hoch genug anrechnen kann [S. 30ff.].

IV.

Wie Vanessa Henn ihr Kunstschaffen zwischen Abstraktion und Konkretion, zwischen Kunst und Lebenswirklichkeit ausbalanciert, ist durchaus beeindruckend. Dass sie sich dabei immer wieder selbst in Frage stellt, gehört unbedingt dazu. Die Arbeit PROPOSING MY POSITION [2020] wirkt vor diesem Hintergrund wie eine präzise Standortbestimmung: Die Hauptrolle in dieser fein komponierten Skulptur spielen drei Tischgestelle aus Stahl, die ineinander verschränkt sind. Zwei Tische haben nur drei Beine, eines der Tischbeine ragt senkrecht nach oben. Schweißnähte sind notdürftig korrigiert, die Tischhöhe hat die Künstlerin durch gefundene Holzfüße modifiziert. Zwei gedrechselte Streben scheinen für zusätzliche Stabilität zu sorgen. Auf den Kanten der Tischgestelle liegen zwei fragmentierte Porzellanabgüsse von Handläufen. „Die Arbeit PROPOSING MY POSITION" so die Künstlerin, „vereint das Lineare und streng Geometrische mit dem Ornamentalen. Die Moderne mit der vorangegangenen Zeit [ohne die die Moderne nicht möglich gewesen wäre]. Das Zerbrechliche mit dem Stabilen. Das Versprechen mit der Verweigerung. Das Konkrete mit dem Poetischen."[6] Es ist also eine ebenso elaborierte wie bodenständige Skulptur, in der Vanessa Henn die Bezugssysteme ihrer eigenen künstlerischen Arbeit überprüft und offenlegt [S. 124ff.].

[6] Vanessa Henn, Über meine Arbeit, unveröffentlichtes Manuskript, 2020, o.P.

Im Zuge dieser Selbstbefragung beschäftigt sich die Künstlerin intensiv mit neuen Materialien und Herstellungsprozessen. Neu sind die Porzellanabgüsse, die Vanessa Henn selbst herstellt. Vermehrt taucht der Werkstoff Beton als gestaltendes Element auf. Wie eine Art Fingerübung erscheint die Werkgruppe der PROFILER [2020], in der die Künstlerin beides zusammenbringt: den Betonguss als eine Art Wandkonsole, das Porzellanfragment sozusagen als Schauobjekt. Es ist eine eigentümliche Liaison zwischen dem Schweren und dem Leichten, dem ‚armen' Baumaterial und dem ‚kostbaren' Porzellan, das man in früheren Zeiten als ‚weißes Gold' bezeichnete. Den

Bezug zur Lebenswirklichkeit haben diese Artefakte jedoch nicht verloren: Denn bei den Porzellanfragmenten handelt es sich eben um Abgüsse von profilierten Handläufen, bei den Betonsockeln um Abgüsse von handelsüblichen Styroporverpackungen [S. 60ff.].

Der Betonguss ist für Vanessa Henn „Sockellösung" und „Bestandteil der Skulpturen" gleichermaßen.[7] Wie sie das meint, kann man an der Bodenskulptur FOLLY_1 [2021] geradezu exemplarisch nachvollziehen: Das neonrot lackierte Gitterfragment, das lotrecht im Raum steht, verdankt seine Standfestigkeit einem eher grobschlächtigen Betonguss, der als Sockel dient. Während auf der einen Seite die Streben in dem sie umschließenden Beton sichtbar bleiben, fühlt man sich von der gegenüberliegenden Seite aus an das Geländer auf dem Parkplatz von Peccia erinnert: Das Gitter scheint aus dem unförmigen Betonklumpen herauszuwachsen [S. 26ff.]. In der Arbeit DOPPELT von 2022 hingegen hält ein rostiger Doppel-T-Träger, der vornehmlich im Stahlskelettbau verwendet wird, den Beton in Form. Material und Gestalt verschmelzen zu einer monolithischen Skulptur [S. 64].

[7] Ebd.

In den Werken GIVE ME A REST und TIGHT CROSSINGS [beide von 2020] wiederum bezieht Vanessa Henn durch flächige Malereien die Wand stärker ein. Dadurch treten die plastischen Gitter und Handläufe in einen erweiterten Dialog mit dem architektonischen Raum. Dieselben Geländerfragmente, die Vanessa Henn in der Wandarbeit TIGHT CROSSINGS verarbeitet hat, tauchen im selben Jahr in der Skulptur TABLEAU VIVANT auf. Sie steht auf vier ‚Beinen', in zwei ‚Händen' hält sie jeweils ein Smartphone. Wer nun glaubt, Vanessa Henn würde sich in der Mitte ihrer künstlerischen Laufbahn überraschend auf eine figurative Lesart besinnen, sieht sich getäuscht. Ja, das TABLEAU VIVANT lebt, aber auf den Smartphone-Displays sind Bewegtbilder zu sehen, die insbesondere die Perspektive im Werk und auf das Werk der Künstlerin anreichern. Es handelt sich dabei um Videoaufnahmen, die im Dauerloop eine Fußgängerrampe am Corcovado in Rio de Janeiro und sich langsam bewegende Kräne in Berlin zeigen. Dadurch werden die Parameter ihres bildhauerischen Werks letztlich wieder dort verortet, wo sie ursächlich ihre Wurzeln haben: in der Lebenswirklichkeit [S. 68ff.].

V.

Diese Entwicklungen im Werk von Vanessa Henn nachzuvollziehen und von hier aus weiterzuverfolgen, verdient weit mehr als nur die durchschnittliche menschliche Aufmerksamkeitsspanne. Genauso souverän, wie die Künstlerin gefundene Objekte als Materialien verwendet, scheint sie kunsthistorische Bezüge und Referenzen in eine Art Verwertungskreislauf zu überführen, um daraus etwas Neues zu erschaffen. Ebenso selbstverständlich bringt sie ihre Arbeiten formal und inhaltlich auf den Punkt, ohne dass diese hermetisch wirken. Ganz gleich, ob es sich um weitgehend autonome Werke handelt oder Projekte im öffentlichen Raum – es sind „offene Kunstwerke" im besten

Sinne, wie sie Umberto Eco 1962 in seinem wegweisenden Buch OPERA APERTA beschrieben hat: keine in sich abgeschlossenen Kunstprodukte, die nur goutiert werden wollen, sondern Arbeiten, die Rezipient*innen einbeziehen, teilhaben lassen. Das „offene Kunstwerk", so Eco, sei ein zu vollendendes Werk, das den Ausgangspunkt für einen „interpretierenden Dialog" schafft, an dessen Ende „eine Form sich konkretisiert haben wird.[8]"

Vanessa Henns Arbeiten liefern dafür genügend Material. Sie wird nicht müde, den eigenen künstlerischen Horizont zu öffnen und damit den Erfahrungsraum der Betrachter*innen zu erweitern. Das sind nicht die schlechtesten Voraussetzungen, um sich auch weiterhin zielstrebig zwischen Kunst und Leben ihren Weg zu bahnen. Und zwar komplett angstfrei – um auf den eingangs zitierten Zwiespalt Michelangelo Pistolettos zurückzukommen. Dass sie darob verrückt wird, ist nicht zu befürchten.

[8] Vgl. Umberto Eco, Das offene Kunstwerk, Frankfurt a. M. 1973, S. 55.

NO PRESSURE
2019
DIGITALDRUCK AUF BARYTPAPIER

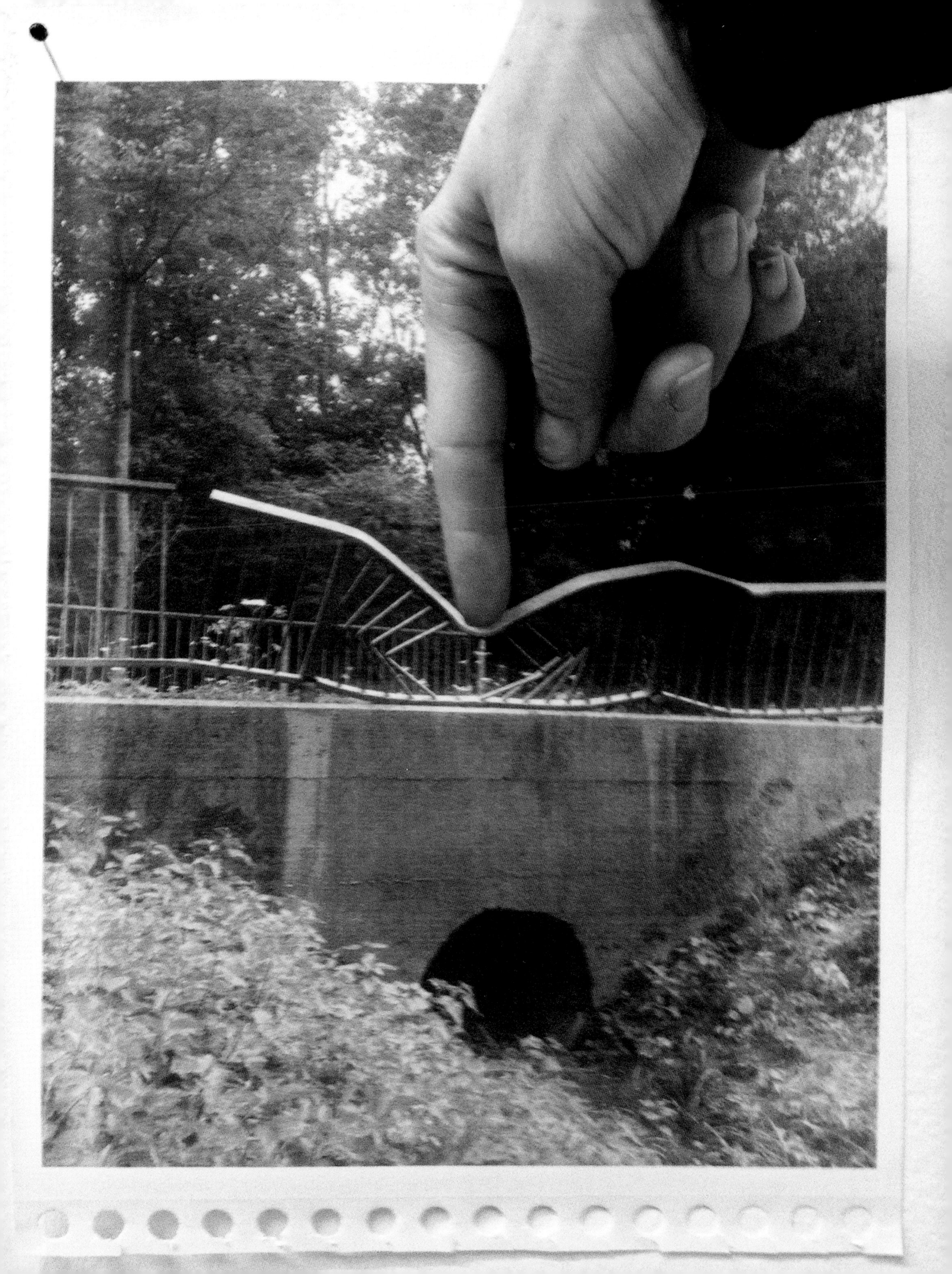

RALF CHRISTOFORI

SAME SAME BUT DIFFERENT — ART AND LIFE IN THE SCULPTURAL WORK OF VANESSA HENN

When a person realises he has two lives — an abstract one for his mind and a concrete one, also for his mind — he ends up either as a madman, who, out of fear, hides one of his lives and plays the other as a role, or as an artist, who has no fear and who is willing to risk both lives.[1]

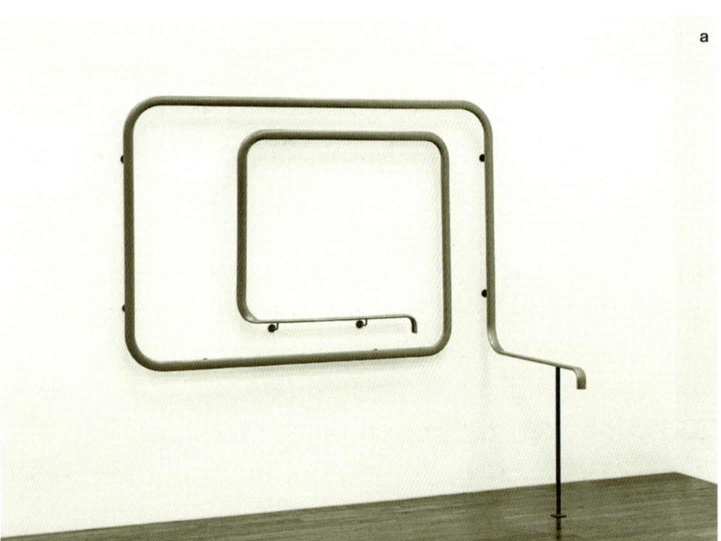

a

I.

At a time when the attention apparatus of social media increasingly replaces real encounters in the world of people and things with images, it matters to be as photogenic as possible. It is, of course, possible to debate whether this instantaneous, second-hand experience conveyed via high-resolution displays and user interfaces is any less real. However, it certainly follows other premises. If you follow artists and their works or museums and their exhibitions on Instagram, for instance, you can get a quick overview and 'like' them here and there. It works, and it is fast. Especially since, according to scientific studies, the average human attention span is now shorter than that of a goldfish [9 seconds!]. And there is a downward trend. So in this brief interval, it is determined whether something interests me or not.

I Michelangelo Pistoletto, The Last Famous Words, 1967, http://www.pistoletto.it/eng/testi/famous_last_words.pdf, (accessed 30.3.2023).

The works of the sculptor Vanessa Henn are highly photogenic. And they interest me very much. So much, in fact, that I leave the goldfish be and devote my full attention to her work for hours and days to write a text. Admittedly, I know many of her sculptural works only through pictures. The fact that I reflect on this unfortunate circumstance does not make it any better either. Nonetheless, I can at least rely on having actually experienced some of the work live.

So I roam — mentally, in my mind's eye and on the screen — through Vanessa Henn's sculptures and plastic formations. I attempt to get close, observe them from a certain angle, move around them in space and on the wall. I remember an encounter with one of her earlier works that left a lasting impression: a gold-coloured handrail that starts at waist level runs up a wall and forms a rectangular spiral on it. By stripping the material of its actual purpose, Vanessa Henn creates an art form that leaves us wondering whether it wants to be a picture or a sculpture. Concrete art, at its best, is formed into a work in an intelligent and profound way. STEADY AS SHE GOES[a] [2006] is a distinctive point of entry in which the concentration and consistency with which Vanessa Henn pursues her work are already evident.

II.

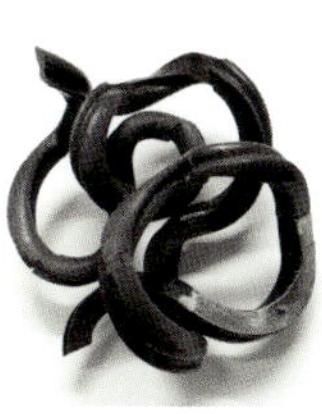

b

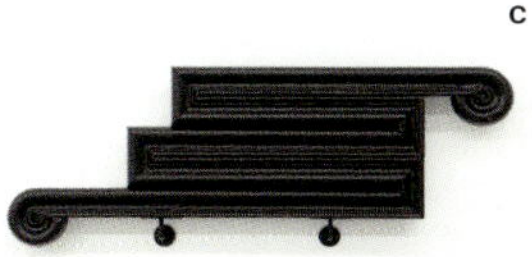

c

Vanessa Henn's materials of choice, which are usually found, are discarded handrails and railings made of wood, iron or PVC. She plays and experiments with them, shifts our perception, and pits the world of things against the world of art without picking a side as a player. It is by no means an easy game. However, the sculptor has an innate gift for getting to the heart of the matter in her work. She bestows worn curved wooden handrails a second lease on life as writhing serpents that could have sprung from Caravaggio's head of Medusa SECOND LIFE I[b] [2009]. Again, she condenses antique wooden handrails into a meandering MONOBLOC[c] [2014] or, with massive effort, forms a veritable WHEELIE [2019] [p. 123] out of a wrought-iron handrail.

Yet another object from the domestic sphere of objects that we otherwise overlook: the grille. Whether circular or angular, they are always protective and keep intruders out. For Vanessa Henn, such grilles are a natural fit. She tackles them with heavy utensils, saws a parallelogram into the steel bars and bends them open (REFRACTION AND MOVEMENT — PARALLELS[d] [2015]). Something similar happens to a round window grille in ROUND CUT YELLOW [2019] [p. 120]. It is no coincidence that these works if you shut one eye, are reminiscent of the concrete paintings of Max Bill, Richard Paul Lohse, Horst Bartnig, and the early LA COMBE [1951] by Ellsworth Kelly.

Interestingly, although these intrinsically artistic references weigh heavily in Vanessa Henn's works, they nevertheless appear effortless and, one could almost say, incidental. In no way does her minimalism conceal its American Minimal Art roots which, from the 1960s onwards, confined itself to simple forms and volumes in order to dispel the hitherto prevailing idea of the "essence" of a work of art and to focus instead on sheer "presence".[II] This flipped the notion of what a work could be on its head. Even more blatantly, the work's reception changed in its relation to space and the viewer: the veneration was literally taken off its pedestal and replaced by participation, and the focused observation was expanded by peripheral vision.

The far-reaching influence of Minimal Art is also clearly perceptible in Vanessa Henn's work. Her art makes do with little — also in an economical sense. Depending on the focus either on the materials she uses or the reduced forms she creates with them, references to Arte Povera and Concrete Art can be found in her pieces. In fact, it is not possible to separate the two in Vanessa Henn's work: her art is not only concrete in a formal-abstract sense but always in connection with the stories her found objects tell. Neither the grilles, handrails, nor other materials that later find their way into her artistic work can disown the reality of life from which they originate.

Thus, her art continually incorporates the premises of Minimal Art, Concrete Art and Arte Povera. They accompany the "individual artistic process of appropriation and transformation"[III], which the artist herself describes as follows: "I observe, document, search or find. I collect, arrange and combine. My artistic process begins with the material. Usually, these are mundane objects from the urban environment that I select and alter. I react to their shape, colour or surface, changing their original spatial setting. The object is thus taken out of context; it is 'out of place' and thus settles in the space between art and life."[IV]

Weder die Gitter und Handläufe noch die anderen Materialien, die später in ihre künstlerische Arbeit Eingang finden, können die Lebenswirklichkeit, aus der sie stammen, verleugnen.

III.

Through Vanessa Henn's treatment of found objects as material, they may lose their function but gain tremendously in presence. This applies in particular to the 'misplaced' solitaires that she presents in the classic white cube of gallery and museum spaces. In this context, the work KINKY [GRENZE] from 2019 is a special case: as a sculpture, it renegotiates the question of

d

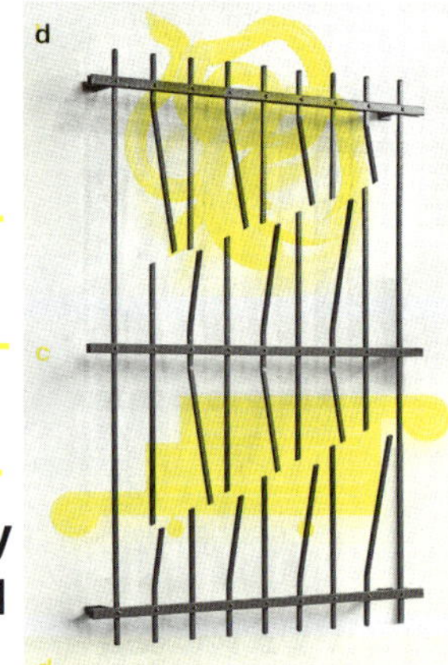

c

d

[II] Cf. Gregor Stemmrich (ed.), Minimal Art — Eine kritische Retrospektive, Dresden und Basel 1995, p.11 ff.

[2] Vgl. Gregor Stemmrich [Hg.], Minimal Art — Eine kritischea Retrospektive, Dresden und Basel 1995; hier: S.11 ff.

[III] Ralf Christofori, Poetische Punktlandung – Vanessa Henns Drop-Skulptur in Heidenheim, in: Werk 10 – Bildhauersymposium Heidenheim, Heidenheim 2010, p. 49.

[IV] Vanessa Henn, On my artistic work, Unpublished artist statement, 2020.

[3] Zit. n. Ralf Christofori, Poetische Punktlandung — Vanessa Henns Drop-Skulptur in Heidenheim, in: Werk 10 — Bildhauersymposium Heidenheim, Heidenheim 2010, S.49.

implicit or explicit site-specificity at every new location. This was originally a bridge railing that a fallen tree had struck. A friend of the artist spotted it in a forest near Kerpen and sent her a photograph [which Henn reproduces in the photo edition No Pressure] [p. 91]. The wondrously deformed railing is professionally salvaged, transported to Berlin, processed in Vanessa Henn's studio, statically balanced and painted sulphur yellow.

[a] Vanessa Henn, Über meine künstlerische Arbeit, unveröffentlichtes Artist Statement, 2020, o.P.

Vanessa Henn introduces the work KINKY [GRENZE] in the garden of the Landhaus de Burlet in Berlin-Schlachtensee in the year it was created. It stands in a meadow, under some trees. The original bridge railing does indeed seem 'out of place', given the absence of a bridge, but that makes it all the more powerful as a sculpture. A short time later, the artist exhibited the work in a show at the BcmA Gallery[e] in Berlin. In the not particularly spacious project room, the work now appears almost absurdly monumental as a form, a narrative, a foreign body, and a work with no author [?]. No artist could have conjured up something like this [if, then probably Andreas Slominski]. Nobody would have been able to get such a powerful sculpture in here with their own strength [Vanessa Henn is the most likely]. So in each new site, the deformed and out-of-place railing takes on a presence all of its own. The context changes the work, and the work changes the context from which it demonstrably does not originate. This also applies to the location where the sculpture has now found its permanent place: on a collector's lakeside property that was once the lawn of a public beach [p. 100].

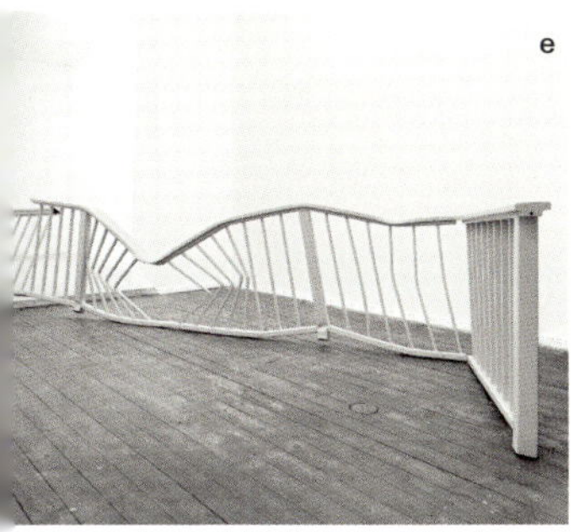

In her site-specific works, the artist reacts not only to form, colour or surface but also to the context, which makes their starting point more apparent. For the 2020 exhibition MIND THE GAP at the Museum für Konkrete Kunst in Ingolstadt, Vanessa Henn conceived two works that refer specifically to the architecture of the museum building. In particular, the works involve the striking stainless steel railings mounted on the staircases and open floors of the exhibition building. Above a light shaft, the artist positions a closed white cube that encloses part of the existing railing. She makes an exact copy of the 'missing' part of the railing and installs it to protrude from the cube in a crooked position. The red PVC of the handrail spills out onto the floor in a serpentine shape. The artist calls this intervention INSIDE OUT, which appears as subtle as it is brutal [p. 22]. Actually outside, on the rear façade of the museum building, Vanessa Henn realises the second work ICH HABE GERNE GEWARTET. This time, she tampers with the railing of an outside staircase. Presumably, the red handrail she installed there would have hardly attracted any attention if it hadn't been hanging in long loops from the railing. A flaw, yes. It is deliberately staged to draw the gaze to where no one would otherwise look [p. 102].

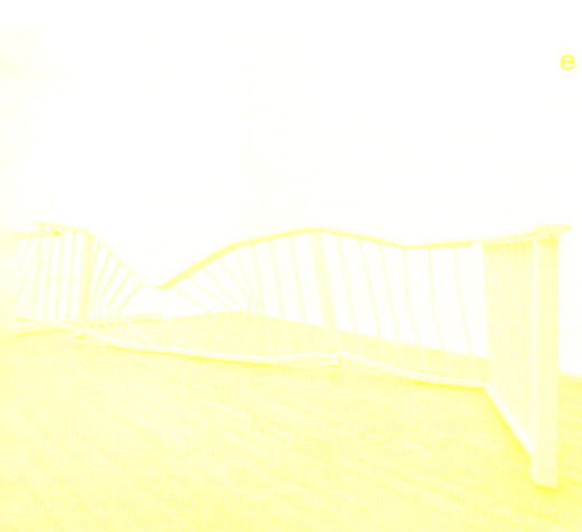

In a departure from established contexts of the art world, Vanessa Henn participates in a call for an art-in-architecture project at the newly built Emanuel-Lasker-Oberschule, Berlin. On a wall extending over several floors, stairs rise upwards, visible as concreted reliefs but not accessible. Handrails made of solid wood extend diagonally upwards and downwards in an entirely nonsensical manner. Directly behind the wall, the handrails recur in the actual staircase as functioning railings, but also on ceilings and walls, where they disappear only to reappear elsewhere. FOLLOW ME! [2019–2022] is the tongue-in-cheek title of the art-in-architecture project, misleading users and throwing viewers off track. Wonderfully executed and in just the right place as a visual metaphor: for who would seriously want to convince secondary school pupils that school always makes sense and that the 'serious matters of life' always take the intended direction [p. 76]?

In Peccia, a small village in the Swiss Vallemaggia, Vanessa Henn goes on to prove that obvious nonsense can occasionally serve to stimulate the imagination. Her work A RAILING GROWING THROUGH STONES [OR VICE VERSA] was realised in 2022 at the edge of a parking lot that turns into a steep slope down a valley. There, the artist installs a sturdy railing of steel pipes, just like the ones found along country roads everywhere in the region. Nothing unusual yet. However, this railing is painted a pinkish red and stands a little askew. The steel bars seem to bore through a mighty gneiss boulder; further along the railing, another chunk grows out of the top bar and appears to have deformed the one below. Cause and effect, however, remain entirely unclear and questions of what is growing out of what or how it can all be, remain unanswered. "We know the phenomenon of how trees grow around poles and rocks or other obstacles. That boulders can do the same is unknown", Marie Therese Bätschmann, who accompanied the project, states matter-of-factly[V] [p. 40].

Not far from there, the artist has a turquoise balcony railing mounted on a vertical marble wall in the Cristallina quarry, where the famous Peccia marble is extracted. Ten metres high. It does look inviting when you imagine the balcony to go with it. But there is neither an entrance nor a balcony. The work's title, FROM HERE I CAN SEE THE SEA [2022], stirs wistful desires that cannot be fulfilled. One secretly wonders how an elaborate process and a brilliant idea ultimately come to nothing. But wait! After all, is it not precisely a matter of leaving the longing, the promise, the wishful thinking unfulfilled? That in itself is far more than nothing and is an achievement of the artist that cannot be overstated [p. 30].

IV.

The way Vanessa Henn balances her art practice between abstraction and concretion, between art and the reality of life, is remarkable. A crucial part of this is her constant questioning of herself. In this context, the work PROPOSING MY POSITION [2020] comes across as a precise evaluation of her position: three steel table frames, interlocked with each other, are the main protagonists of this finely composed sculpture. Two of the tables have

[V] Dr. Marie Therese Bätschmann is an art historian and has been leading art history seminars at the Scuola di Scultura di Peccia on various subjects related to sculpture since 2003.

only three legs, and one of the table legs juts vertically upwards. The welding seams are corrected in a makeshift way; the artist has adjusted the height of the table by using found wooden feet. Two turned legs seem to provide additional stability. Two fragments of porcelain castings of handrails lie on the table frames. "The work PROPOSING MY POSITION", says the artist, "unites the linear and strictly geometric with the ornamental. The modern with the preceding time [without which modernity would not have been possible]. The fragile with the stable. The promise with the refusal. The concrete with the poetic."[VI] Hence, it is a sculpture as elaborate as it is down-to-earth, whereby Vanessa Henn examines and reveals the systems of reference in her artistic work [p. 124].

In the course of this self-inquiry, the artist is intensively engaged with new materials and production processes. The porcelain casts that Vanessa Henn makes herself are new. Concrete is increasingly featured as a creative element. The work series PROFILER [2020] is almost like a practical exercise in which the artist combines both: the concrete casting as a kind of wall mounting; and the porcelain fragment as a display object, as it were. It is a peculiar liaison between heavy and light; the 'poor' building material and the 'precious' porcelain, which used to be referred to as 'white gold'. However, these artefacts have not lost their connection to everyday reality: the porcelain fragments are casts of contoured handrails, and the concrete bases are casts of commercially available styrofoam packaging [p. 60].

For Vanessa Henn, the concrete casting is equally a "base solution" and a "component of the sculptures".[VII] The floor sculpture FOLLY_1 [2021] perfectly illustrates what she means by this: the neon-red painted fence fragment stands upright in the space and owes its stability to a rather crude concrete casting that serves as a base. While the bars remain visible in the enclosing concrete on one side, viewing it from the other, we are reminded of the railing in the Peccia parking lot: the fence seems to grow out of the shapeless concrete block [p. 25]. By contrast, DOPPELT from 2022 features a rusty double-T beam, used primarily in steel frame construction, which holds the concrete in shape. Material and shape melt into a monolithic sculpture [p. 64].

In her works GIVE ME A REST and TIGHT CROSSINGS [both from 2020], Vanessa Henn, in turn, integrates the wall to a greater extent through areal paintings. This allows the sculptural railings and handrails to enter into an extended dialogue with the architectural space. The same railing fragments Henn uses for the wall work TIGHT CROSSINGS reappear in the same year within the sculpture TABLEAU VIVANT. This sculpture stands on four 'legs', holding a smartphone in each of its two 'hands'. However, those who might think Vanessa Henn is surprisingly adopting a figurative stance mid-career would be mistaken. Yes, the TABLEAU VIVANT is alive, but on the smartphone displays, we see moving images that particularly enrich the

[5] Dr. Marie Therese Bätschmann ist Kunsthistorikerin und leitet seit 2003 Kunstgeschichtliche Seminare an der Scuola di Scultura di Peccia zu verschiedenen Themen der Plastik und Skulptur.

[VI] Vanessa Henn, On my work, Unpublished manuscript, 2020.

[VII] Ibid.

[6] Vanessa Henn, Über meine Arbeit, unveröffentlichtes Manuskript, 2020, o.P.

perspective in and on the work of the artist. These video recordings show a pedestrian ramp at Corcovado in Rio de Janeiro and slowly moving cranes in Berlin in a continuous loop. This ultimately situates the parameters of her sculptural work back where they have their causative roots: in the reality of life [p. 68].

V.

Tracing and following these developments in Vanessa Henn's work requires far more than the average human attention span. Just as confidently as she uses found objects as materials, the artist seems to run art historical references and allusions through a kind of upcycling circuit in order to construct something new. With similar confidence, she makes works that are formally and thematically on-point without seeming hermetic. Whether they are largely autonomous works or projects in public space, they are "open works of art" in the best sense of the term, as Umberto Eco described them in his seminal book OPERA APERTA in 1962: no self-contained art products that only want to be appreciated, but rather involve the recipients, let them participate. The "open work of art", according to Eco, is a work to be completed, which provides the entry point for an "interpretative dialogue", at the end of which "a form will have organized itself".[VIII]

For that, Vanessa Henn's works provide ample material. She does not grow weary of broadening her own artistic horizons and thus expanding the viewer's sphere of experience. These are not the worst preconditions to continue paving her way purposefully between art and life. And to do so with no fear—to return to Michelangelo Pistoletto's dichotomy as quoted above. There is no reason to fear that she will end up mad.

[VIII] Cf. Umberto Eco, The Open Work, Cambridge, Massachusetts, 1989, p. 20.

… Bodenguss ist für Vanessa Henn „Sockellösung" und „Bestandteil der Skulpturen" gleichermaßen.[7] Wie sie das meint, kann man an der Bodenskulptur FOLLY_1 [2021] geradezu exemplarisch nachvollziehen: Das neon- … -Displays sind Bewegtbilder zu sehen, die insbesondere die Perspektive im Werk und auf das Werk der Künstlerin anreichern. Es handelt sich dabei um Videoaufnahmen, die im Dauerloop eine Fußgängerrampe am Corcovado in Rio de Janeiro und sich langsam bewegende Kräne in Berlin zeigen. Dadurch werden die Parameter ihres bildhauerischen Werks letztlich wieder dort verortet, wo sie ursächlich ihre Wurzeln haben: in der Lebenswirklichkeit [S. 68ff.].

[7] Ebd.

V.

Diese Entwicklungen im Werk von Vanessa Henn nachzuvollziehen und von hier aus weiterzuverfolgen, verdient weit mehr als nur die durchschnittliche menschliche Aufmerksamkeitsspanne. Genauso souverän, wie die Künstlerin gefundene Objekte als Materialien verwendet, scheint sie kunsthistorische Bezüge und Referenzen in eine Art Verwertungskreislauf zu überführen, um daraus etwas Neues zu erschaffen. Ebenso selbstverständlich bringt sie ihre Arbeiten formal und inhaltlich auf den Punkt, ohne dass diese hermetisch wirken. Ganz gleich, ob es sich um weitgehend autonome Werke handelt oder Projekte im öffentlichen Raum – es sind „offene Kunstwerke" im besten

Sinne, wie sie Umberto Eco 1962 in seinem wegweisenden Buch OPERA APERTA beschrieben hat: keine in sich abgeschlossenen Kunstprodukte, die nur goutiert werden wollen, sondern Arbeiten, die Rezipient*innen einbeziehen, teilhaben lassen. Das „offene Kunstwerk", so Eco, sei ein zu vollendendes Werk, das den Ausgangspunkt für einen „interpretierenden Dialog" schafft, an dessen Ende „eine Form sich konkretisiert haben wird.[8]"

Vanessa Henns Arbeiten liefern dafür genügend Material. Sie wird nicht müde, den eigenen künstlerischen Horizont zu öffnen und damit den Erfahrungsraum der Betrachter*innen zu erweitern. Das sind nicht die schlechtesten Voraussetzungen, um sich auch weiterhin zielstrebig zwischen Kunst und Leben ihren Weg zu bahnen. Und zwar komplett angstfrei – um auf den eingangs zitierten Zwiespalt Michelangelo Pistolettos zurückzukommen. Dass sie darob verrückt wird, ist nicht zu befürchten.

[8] Vgl. Umberto Eco, Das offene Kunstwerk, Frankfurt a. M. 1973, S. 55.

KINKY [GRENZE]
2019
STAHL, LACK

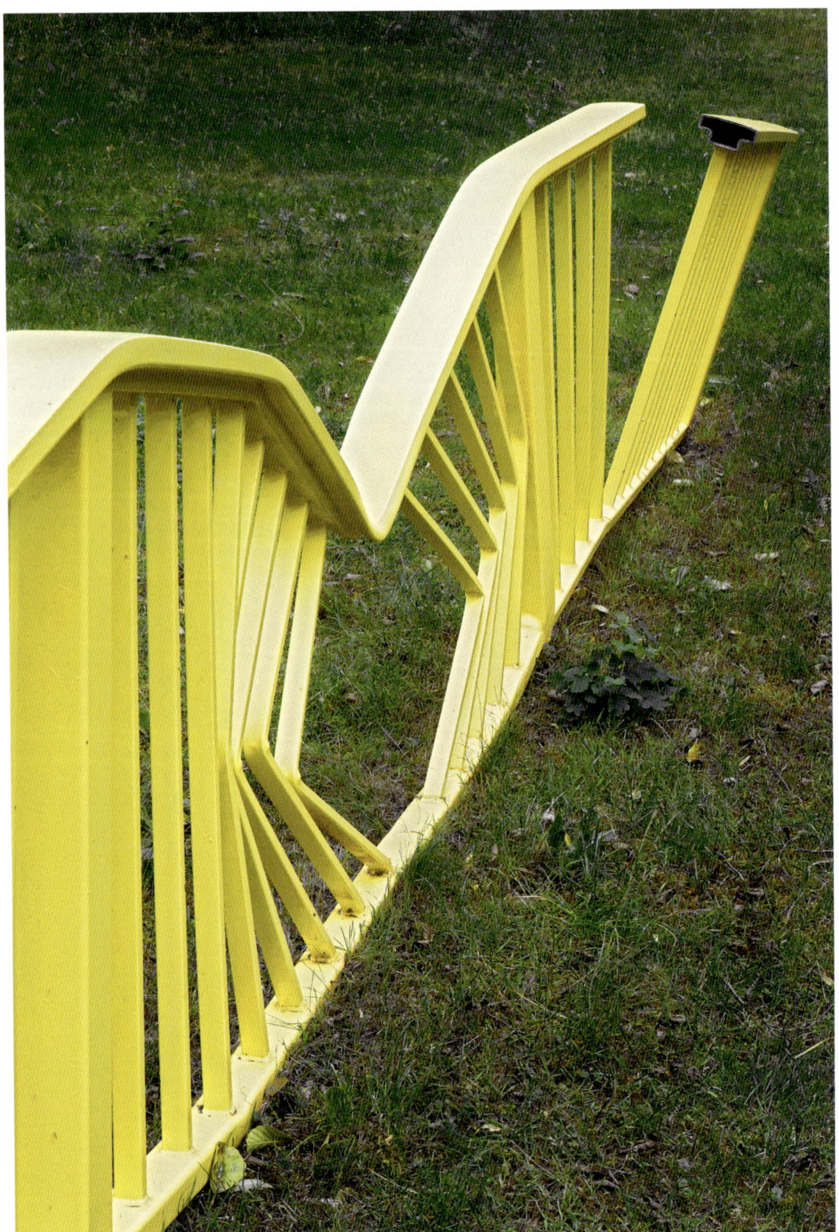

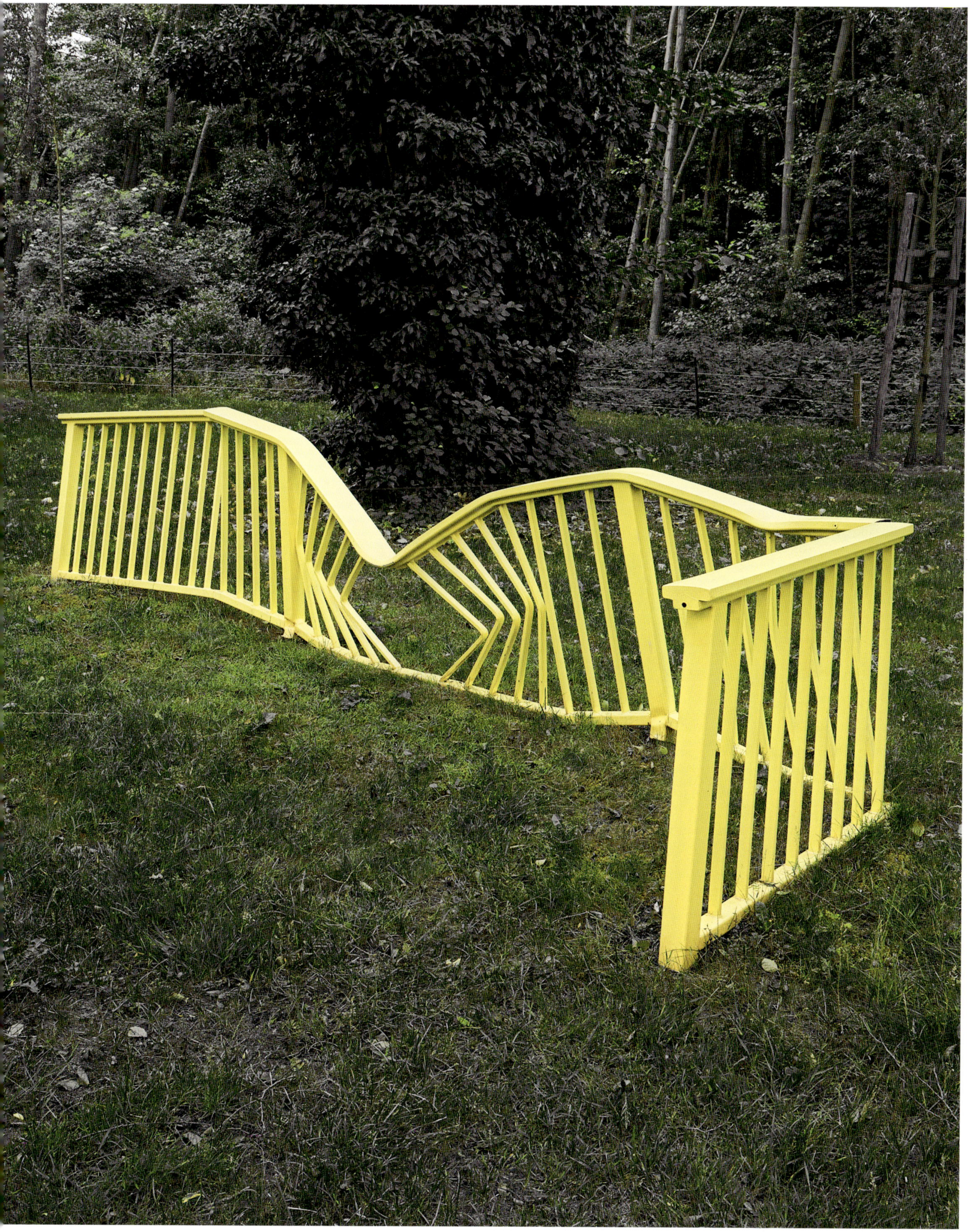

ICH HABE GERNE GEWARTET 【MIND THE GAP】 [illegible] VICE VERSA】
2020–2022
PVC [illegible] ELOXIERT, ELEKTRONIK, HOLZ, BETON

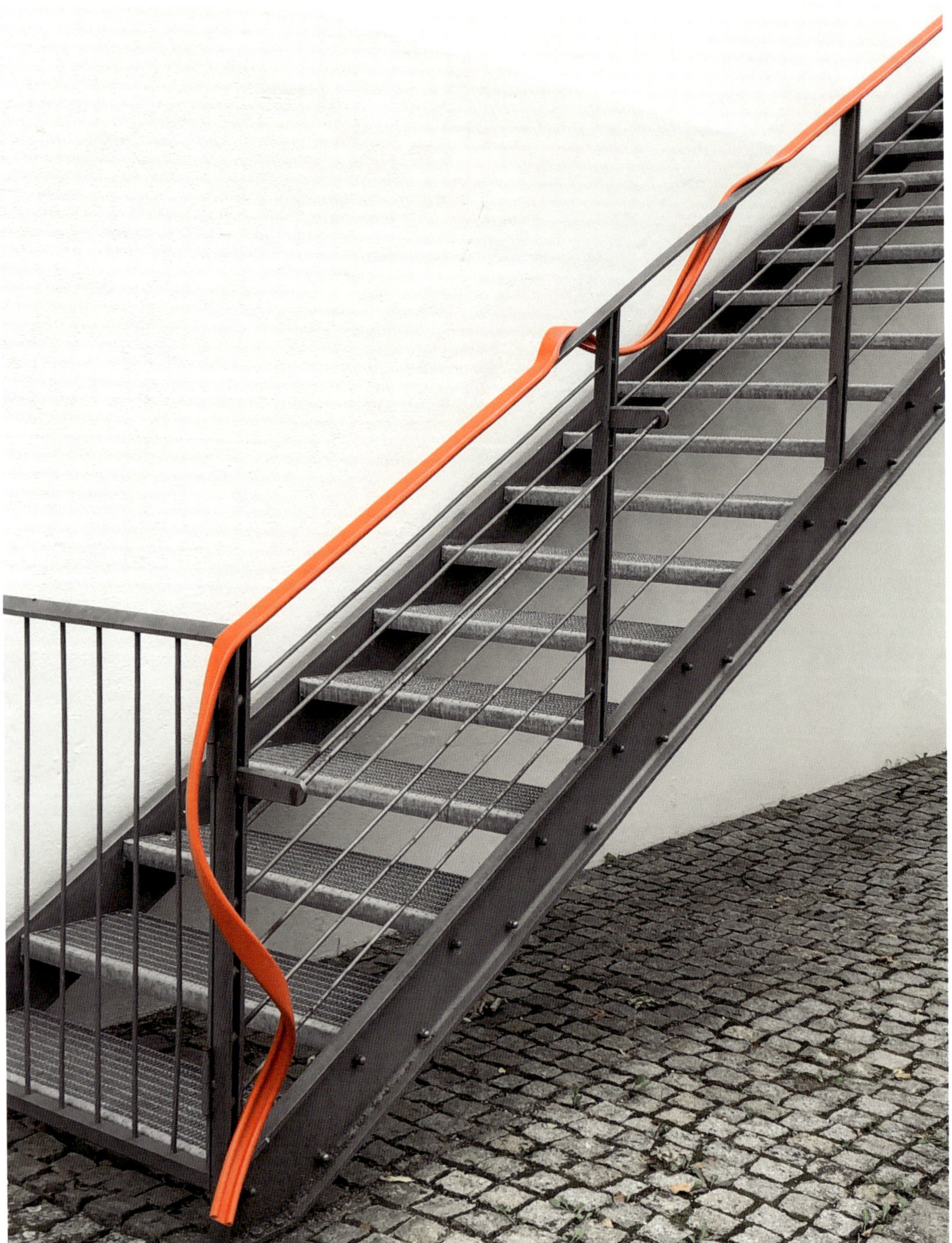

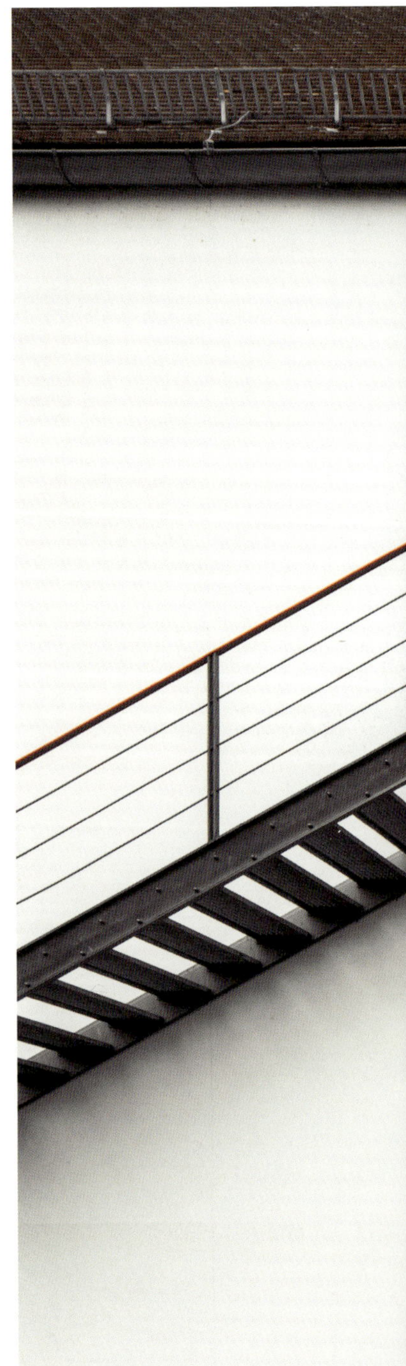

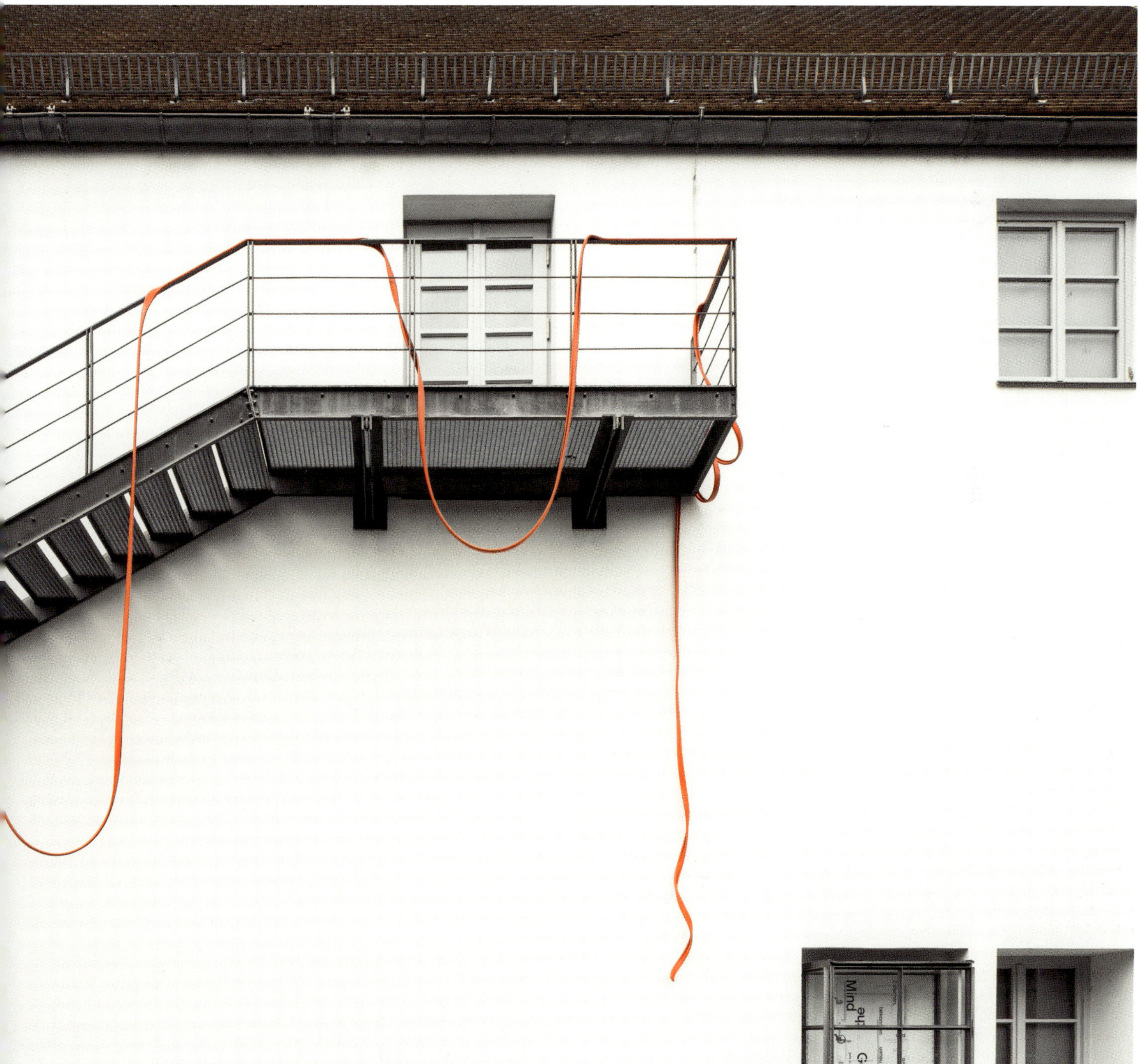

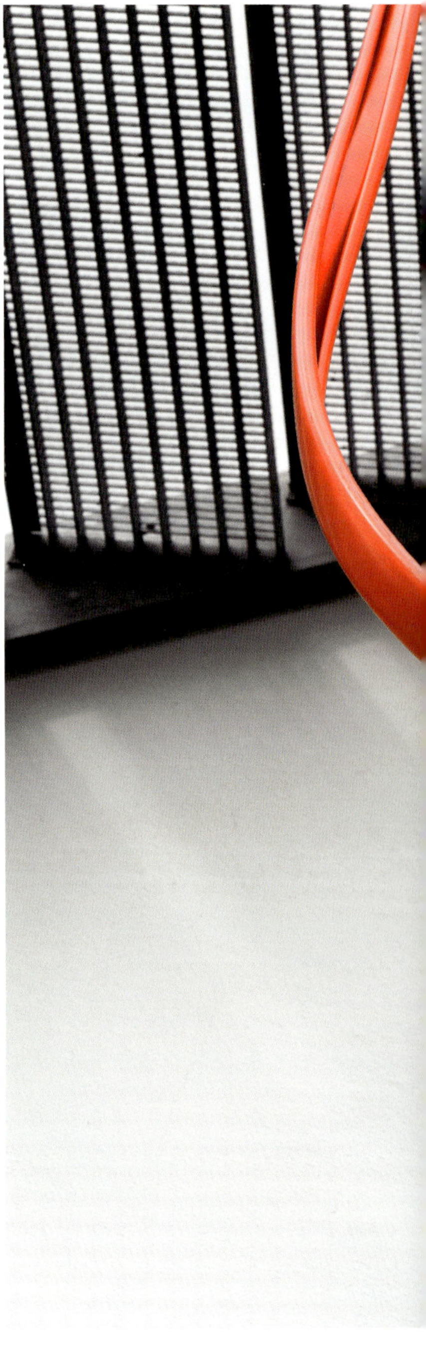

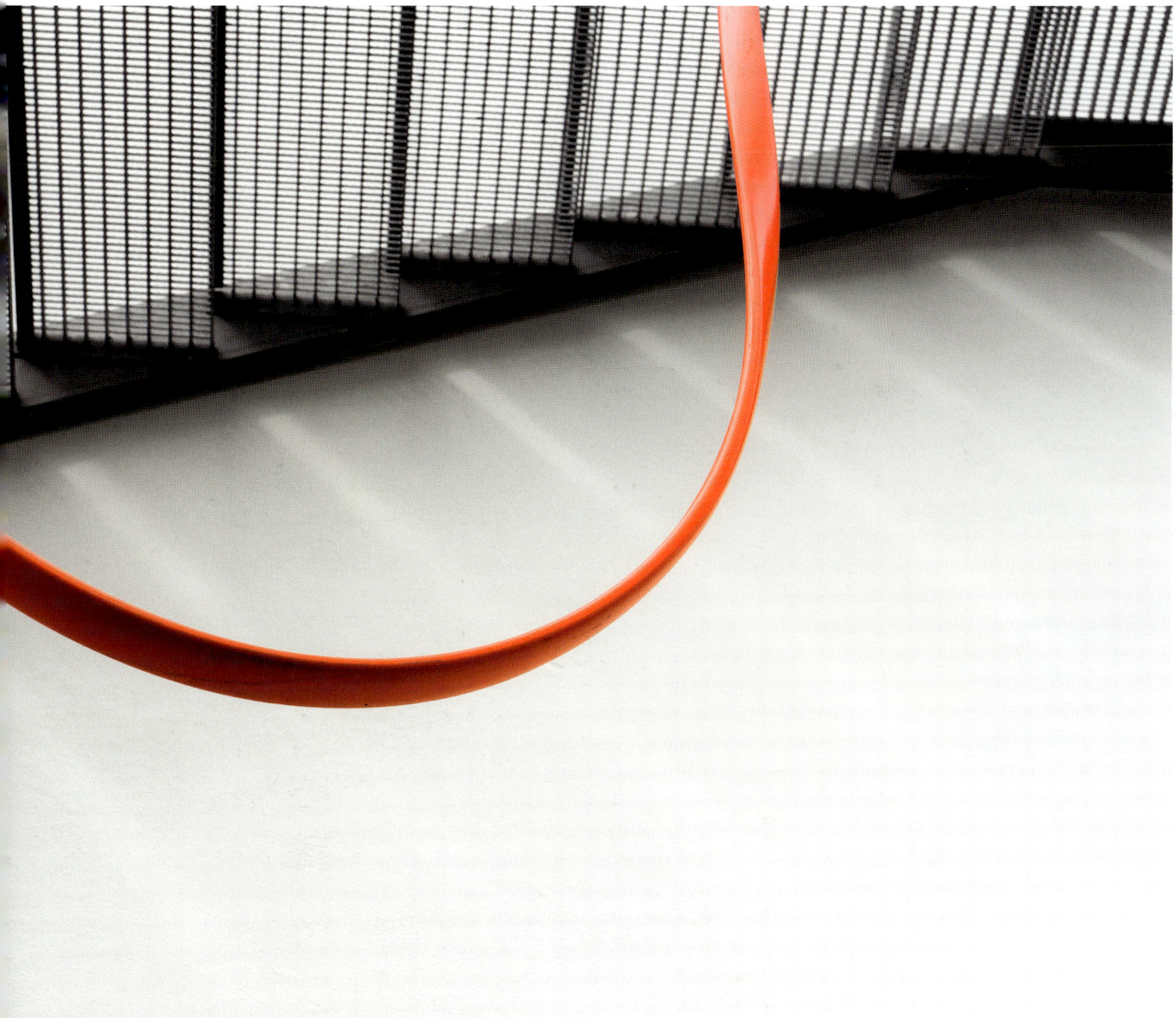

MÜDE VERFASSUNG II
2020
STAHL, LACK, PVC

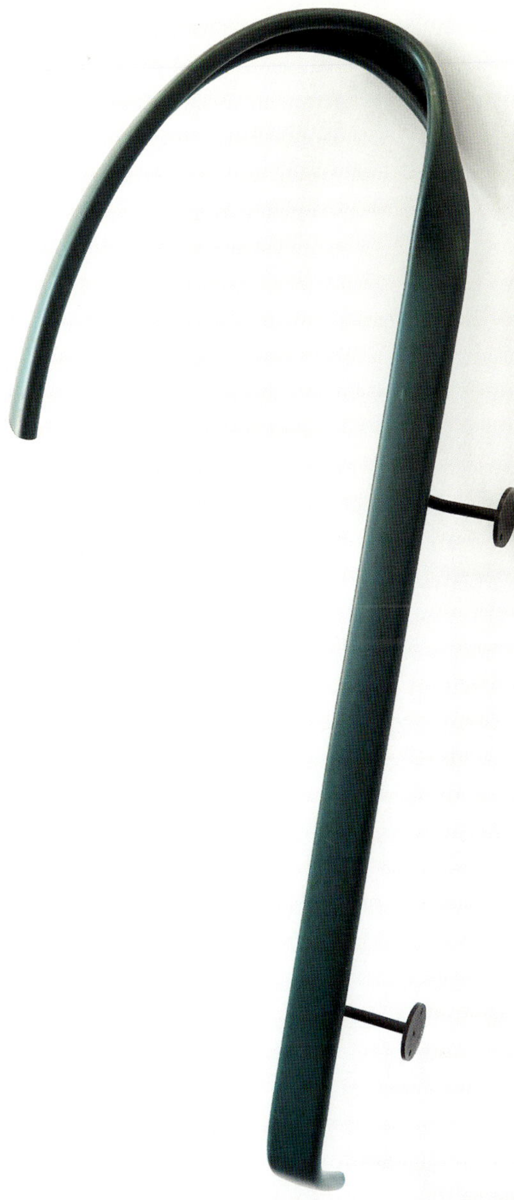

ARCHITEKTUR
2022
STAHL, GNEIS

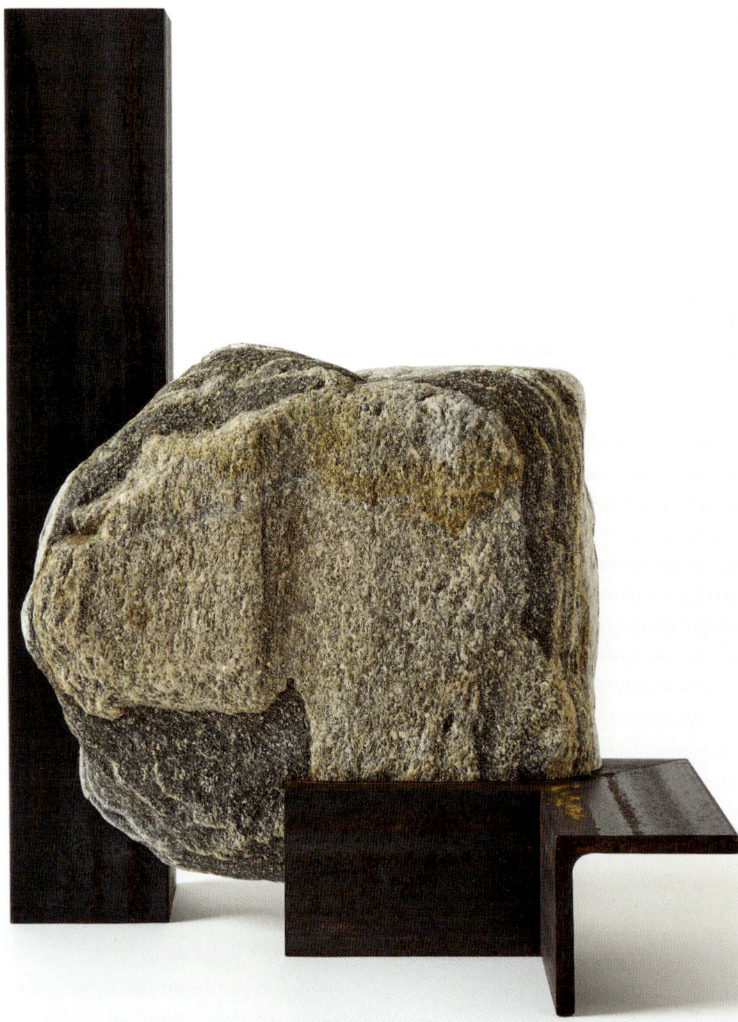

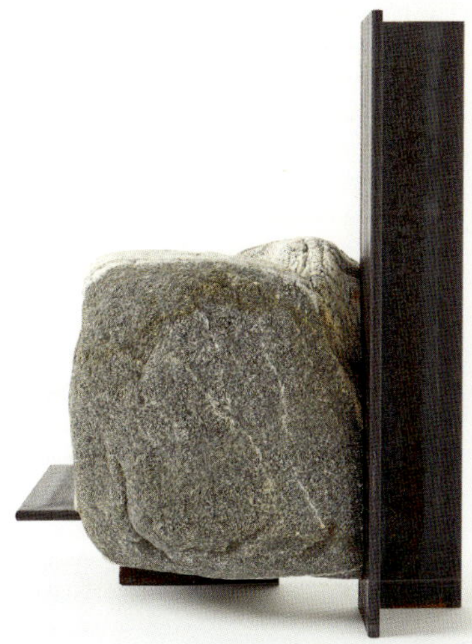

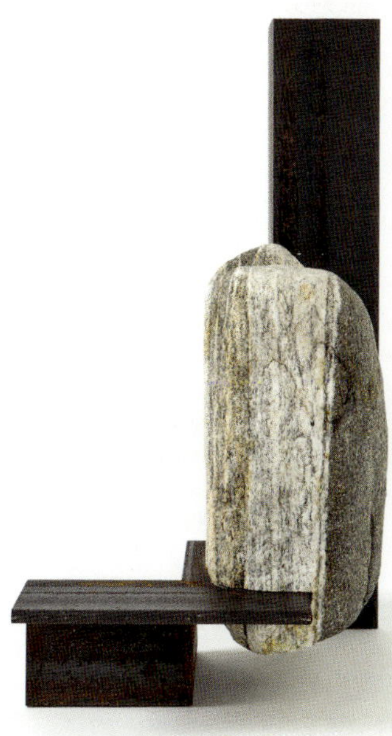

BÄRENZWINGER
2022
STAHL, MARMOR

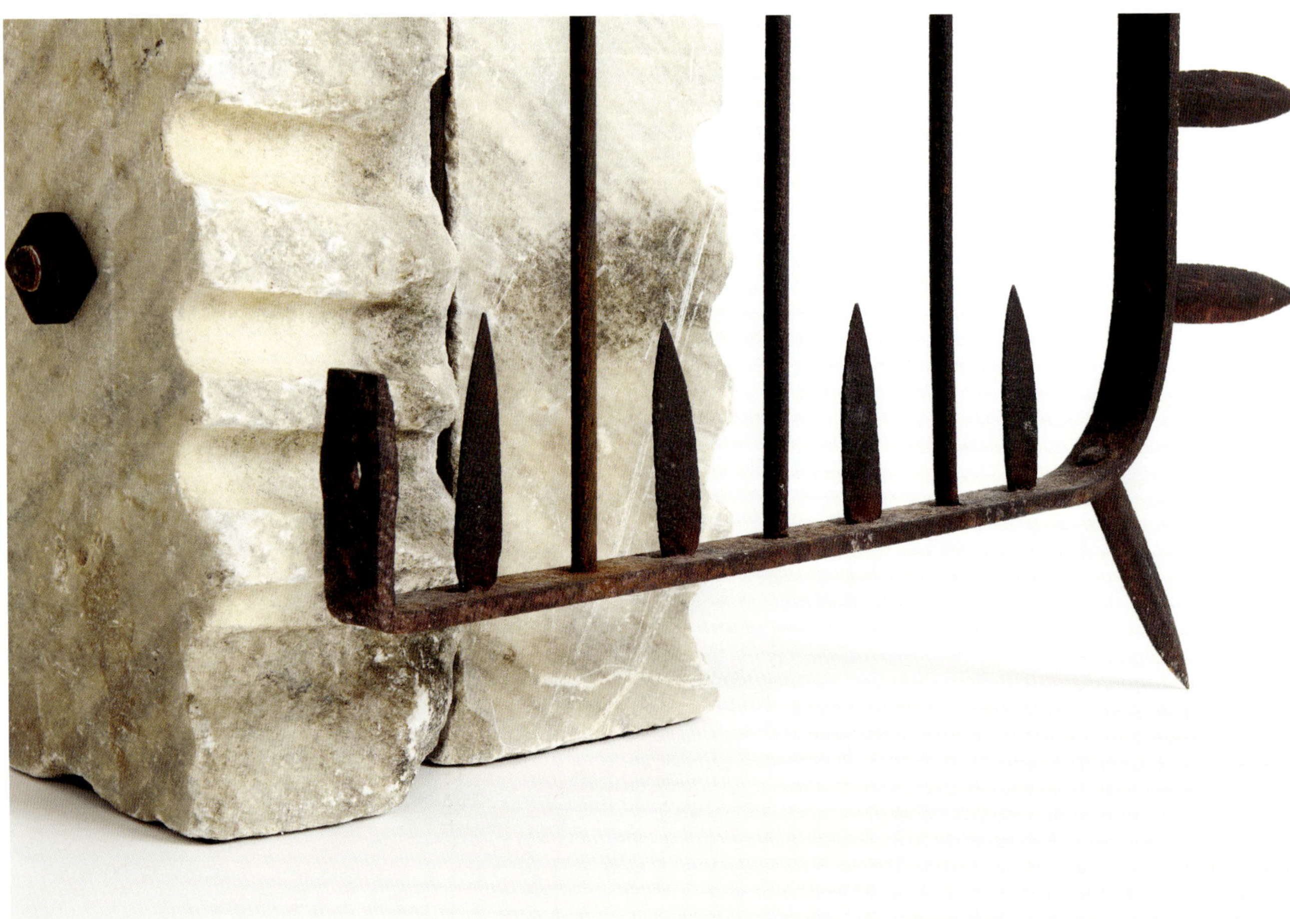

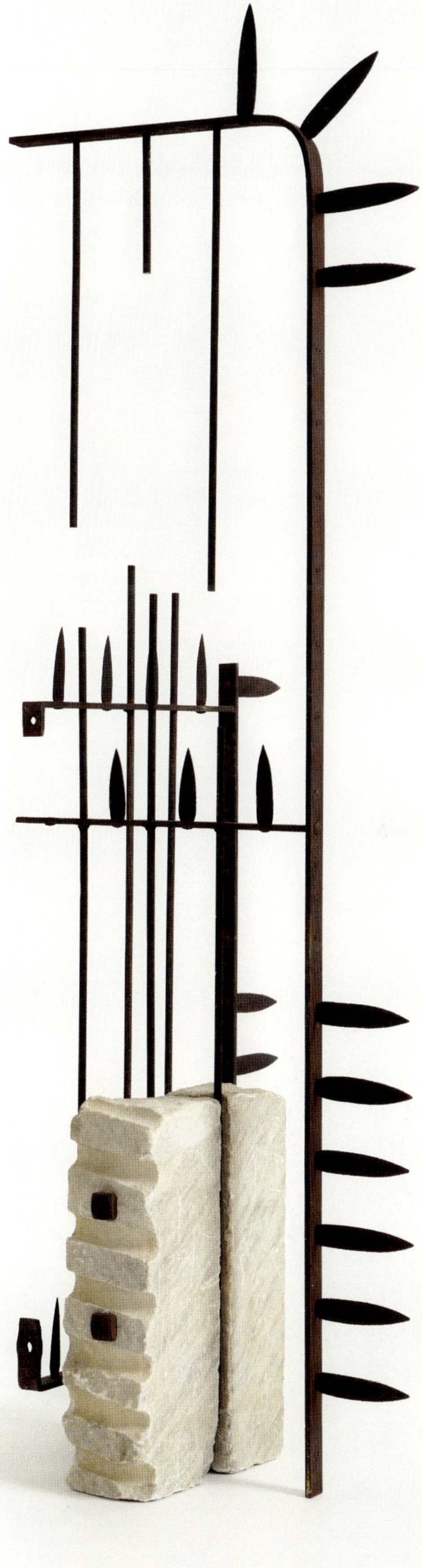

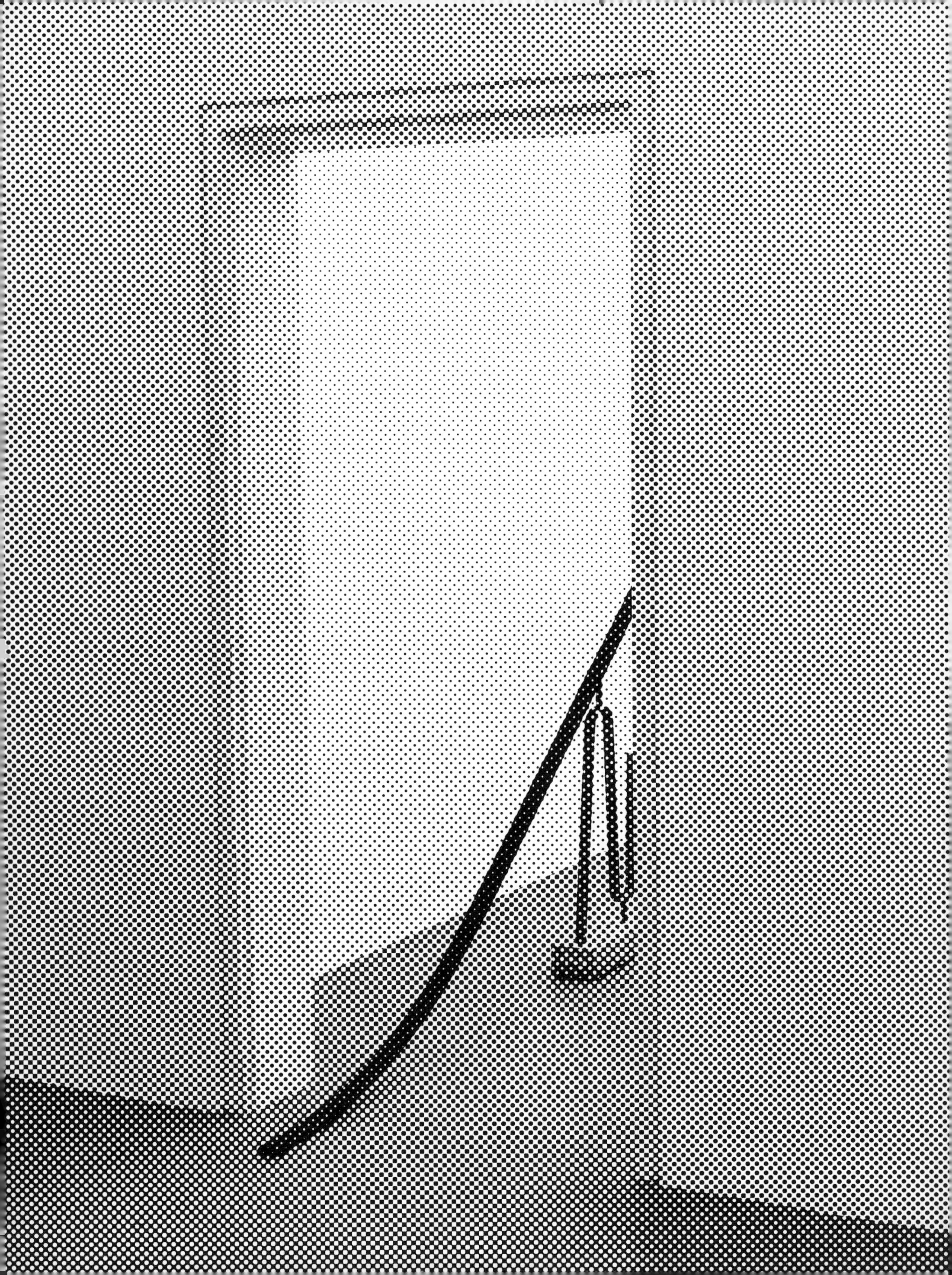

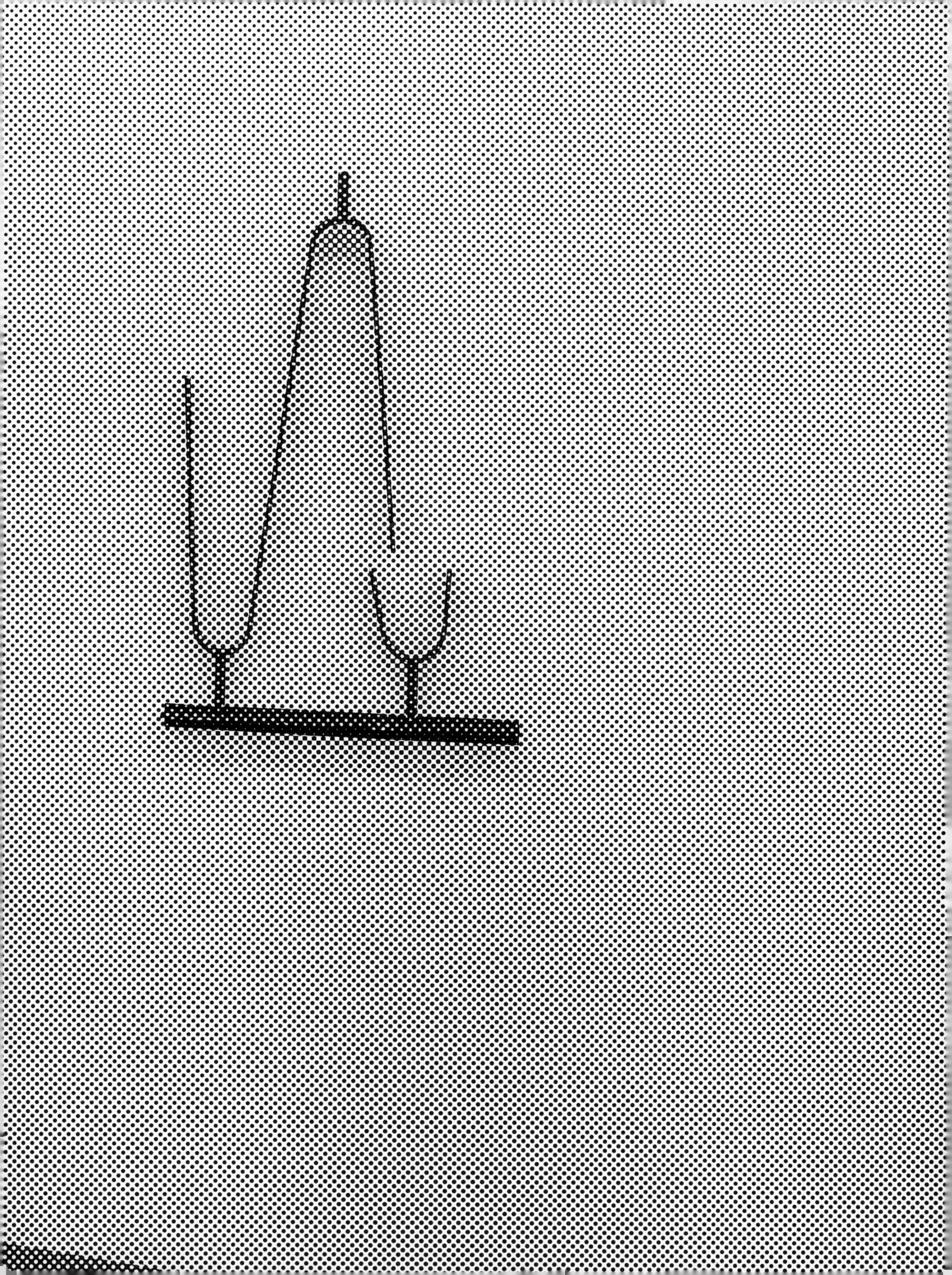

DAS DING MIT DEM ABGANG
2020–2022
STAHL, PVC, BETON ELOXIERT, ELEKTRONIK, HOLZ, BETON

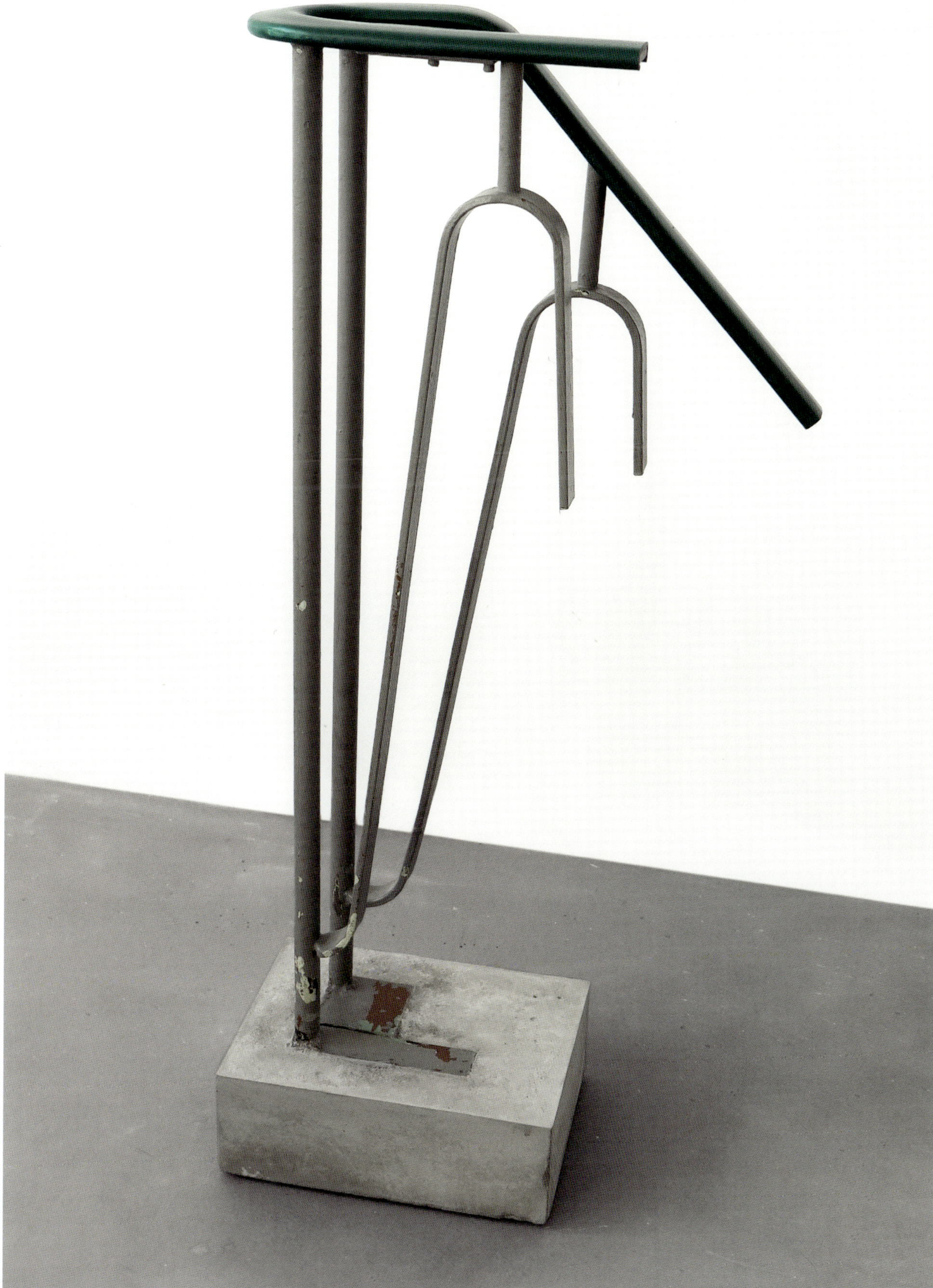

ICEBERG_1 – 3
2022 – 2023
GNEIS, STAHL ELOXIERT, ELEKTRONIK, HOLZ, BETON

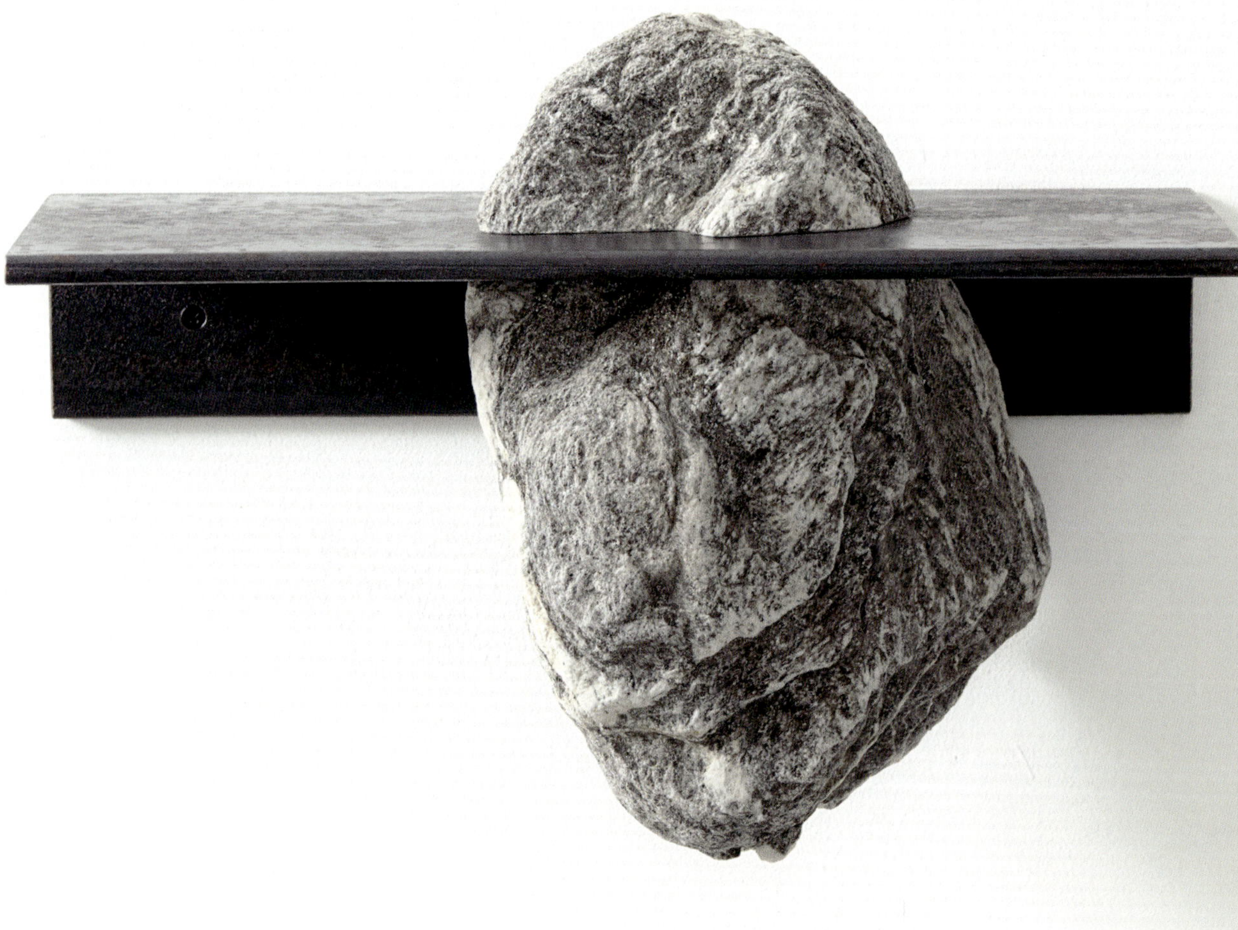

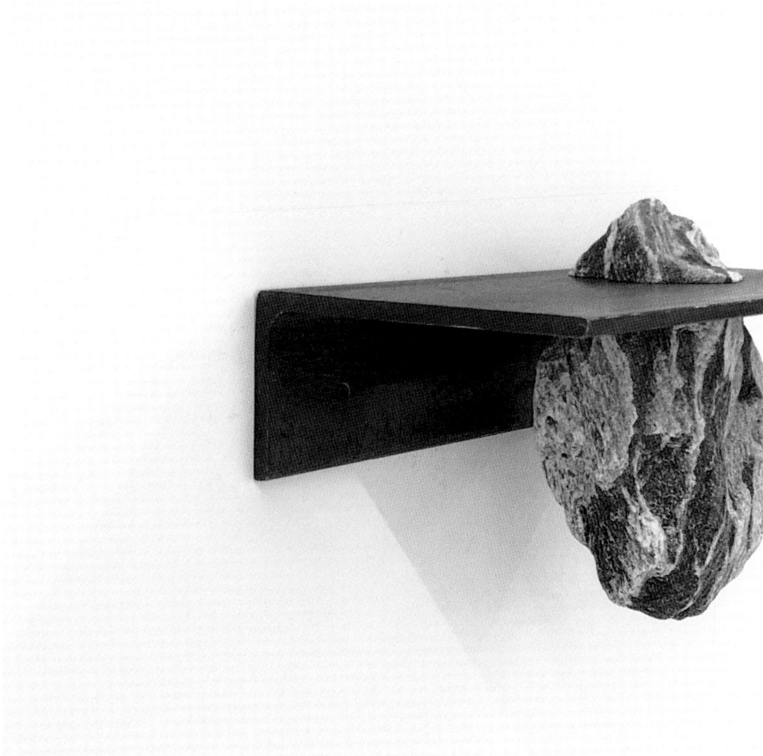

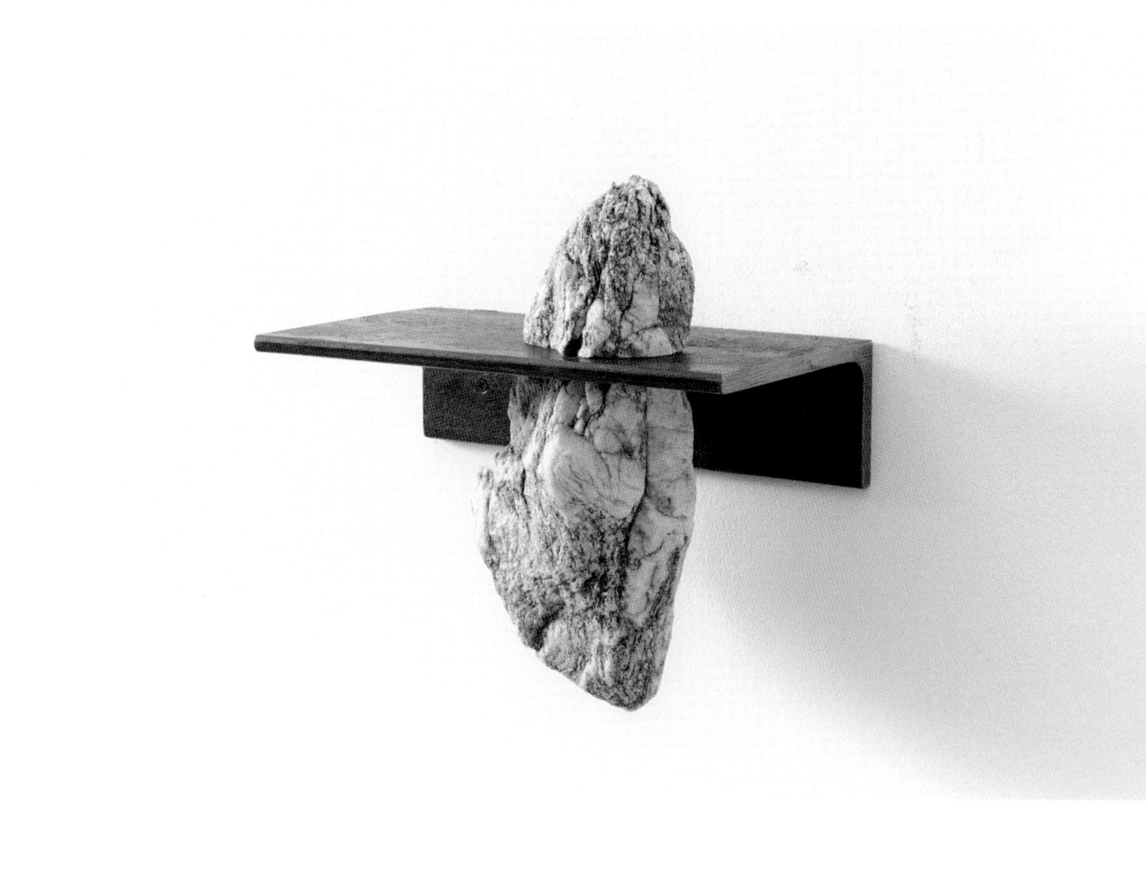

MÖUNTAIN_1
2023
GNEIS, STAHL

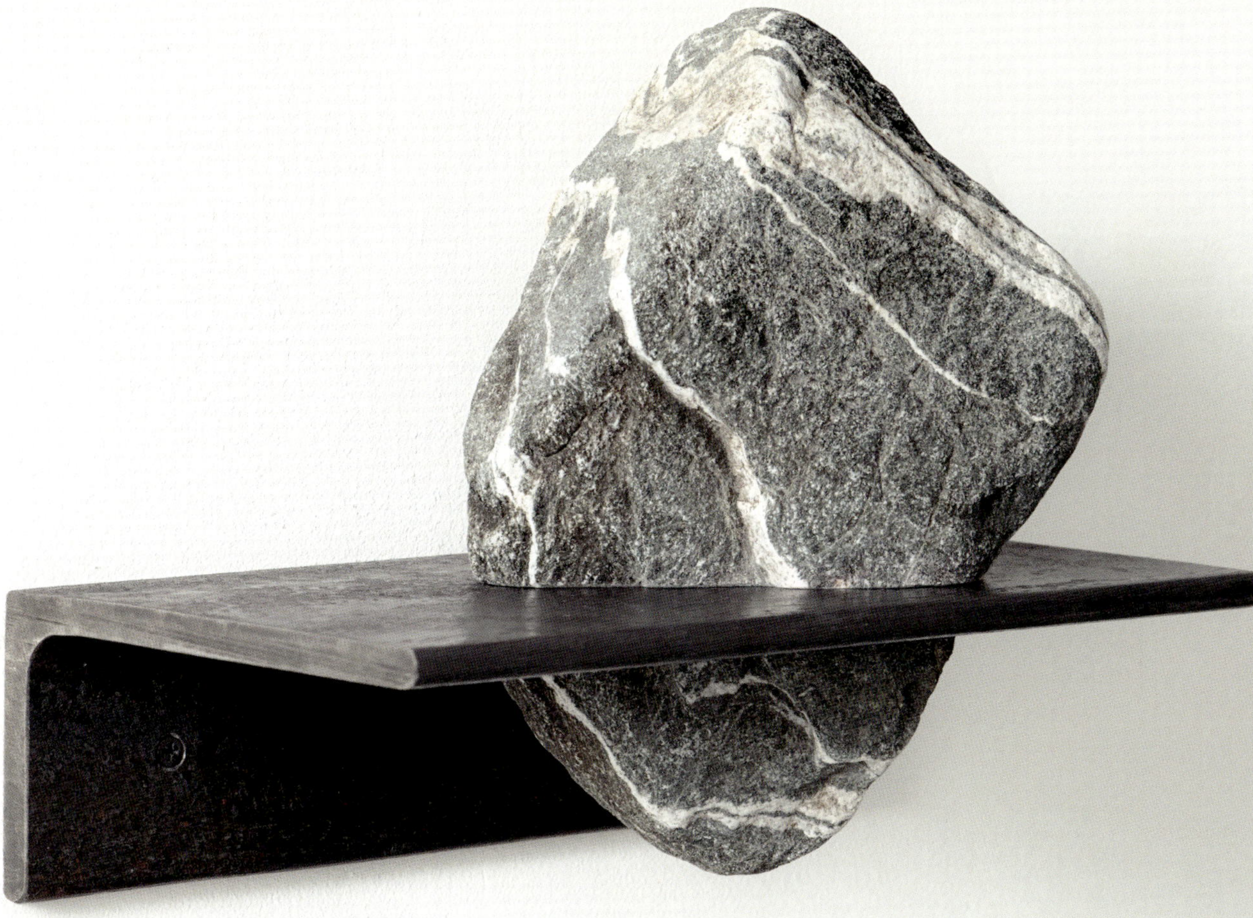

RÖUND CUT YELLOW [illegible] VICE VERSA]
2019 –2023
STAHL, LACK [illegible] ELOXIERT, ELEKTRONIK, HOLZ, BETON

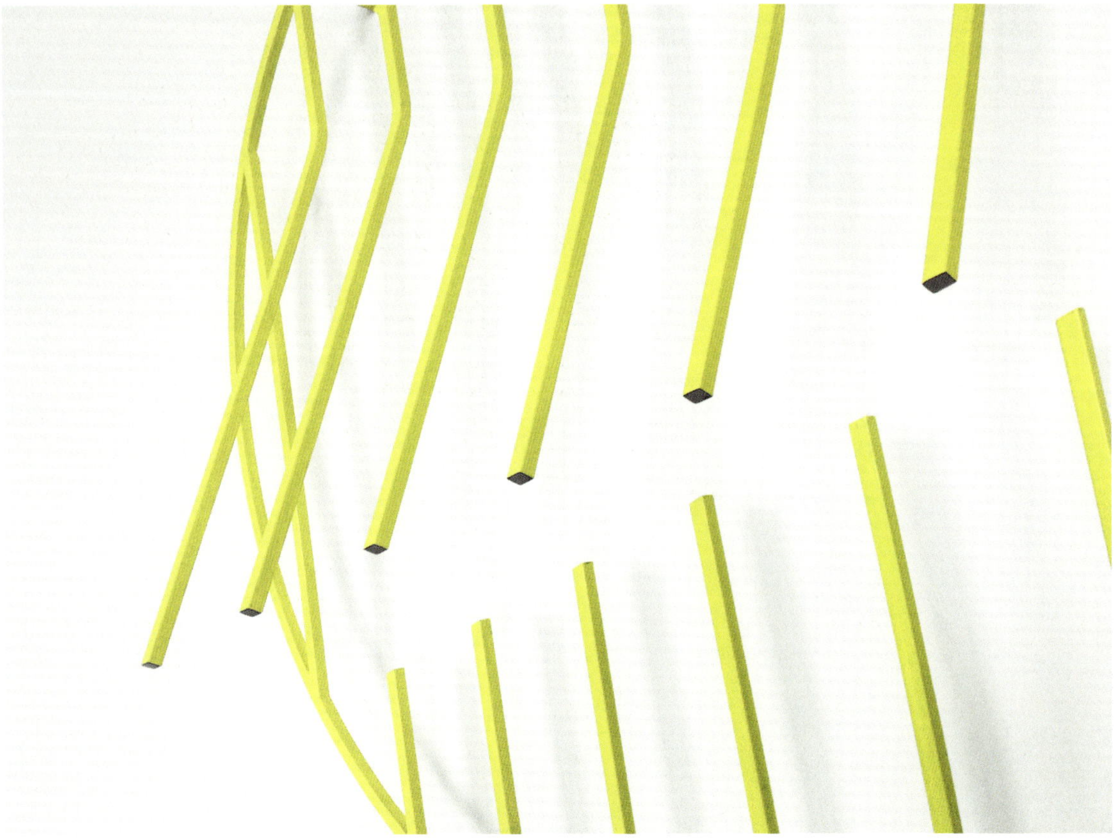

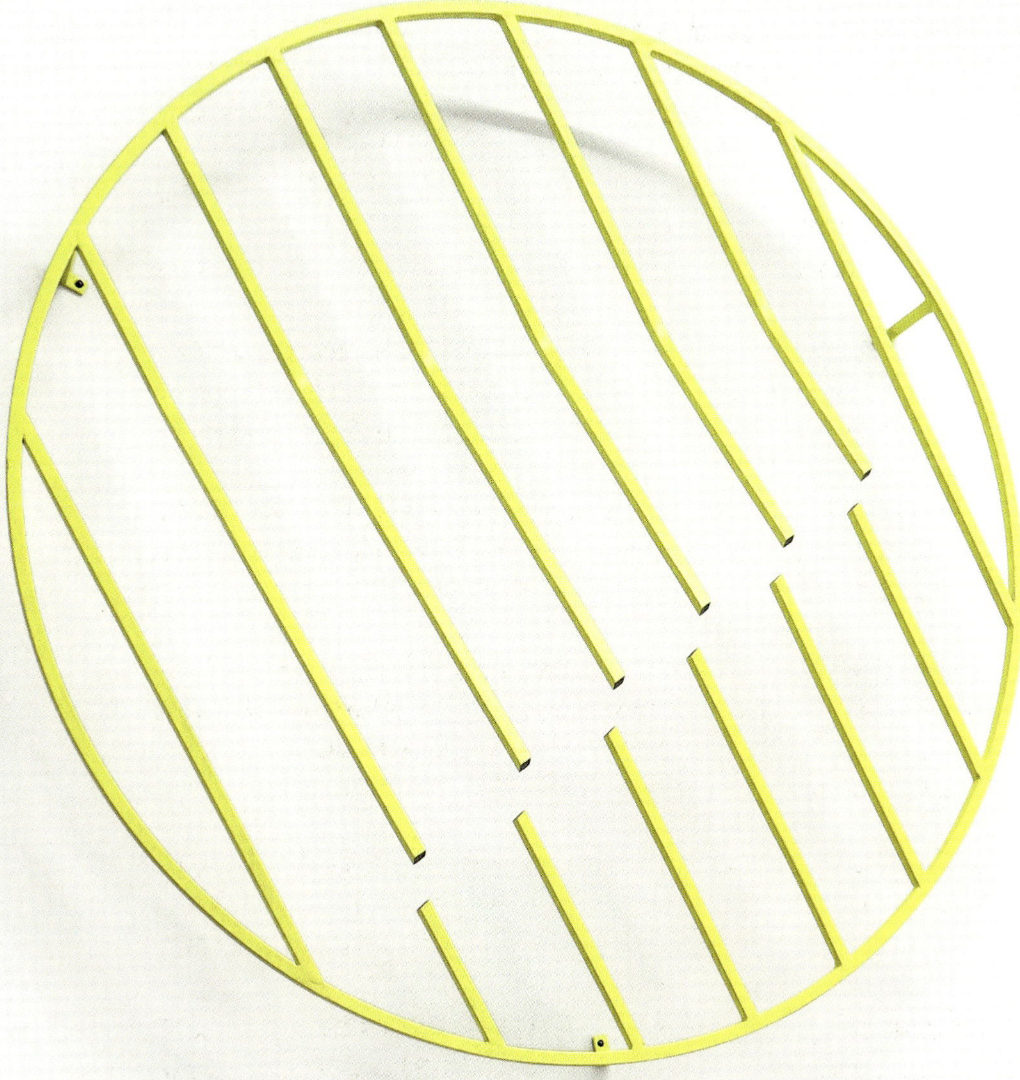

WHEELIE
2019
STAHL, LACK

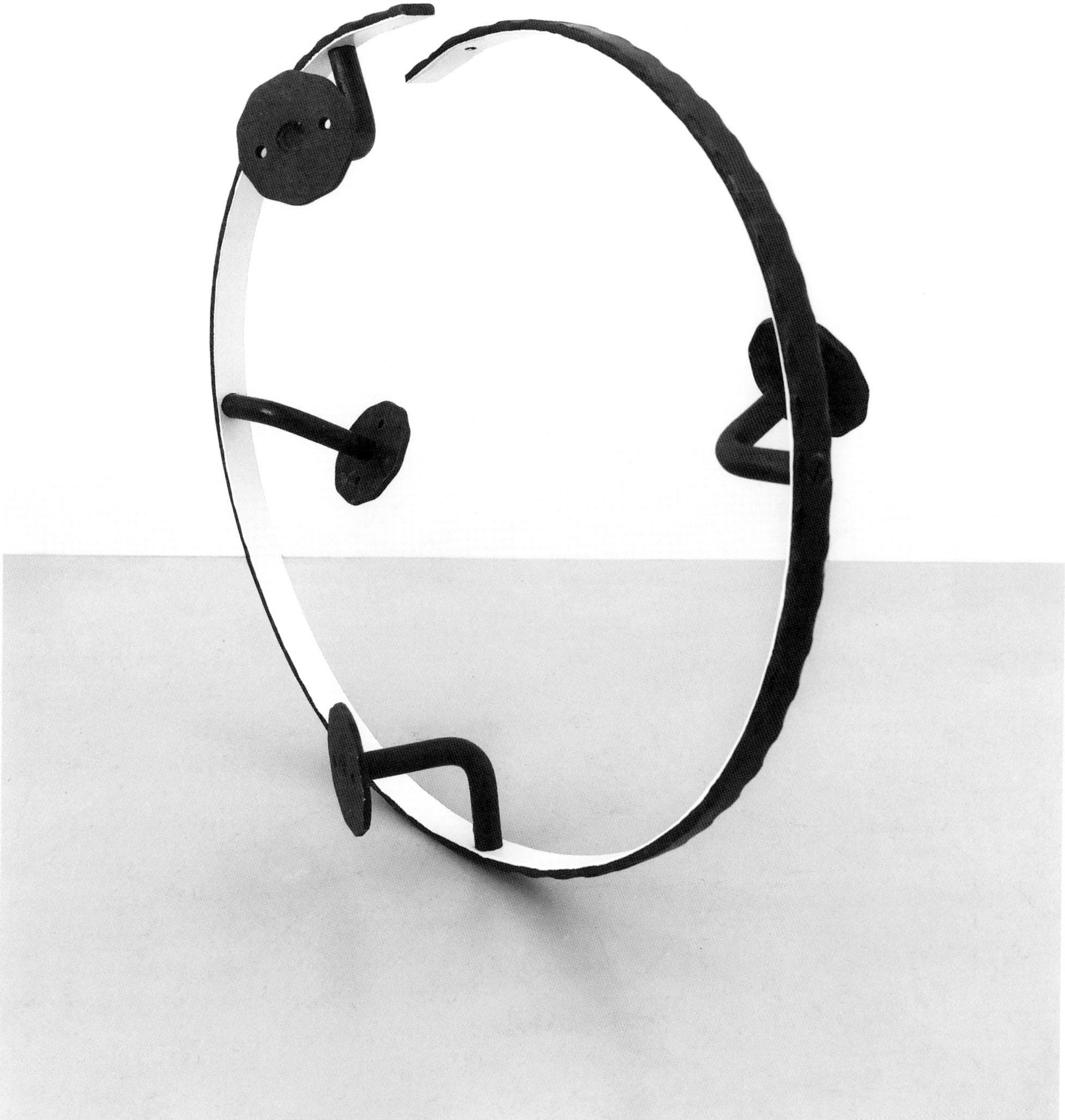

PROPOSING MY POSITION
2020
TISCHGESTELLE, HOLZ, PORZELLAN

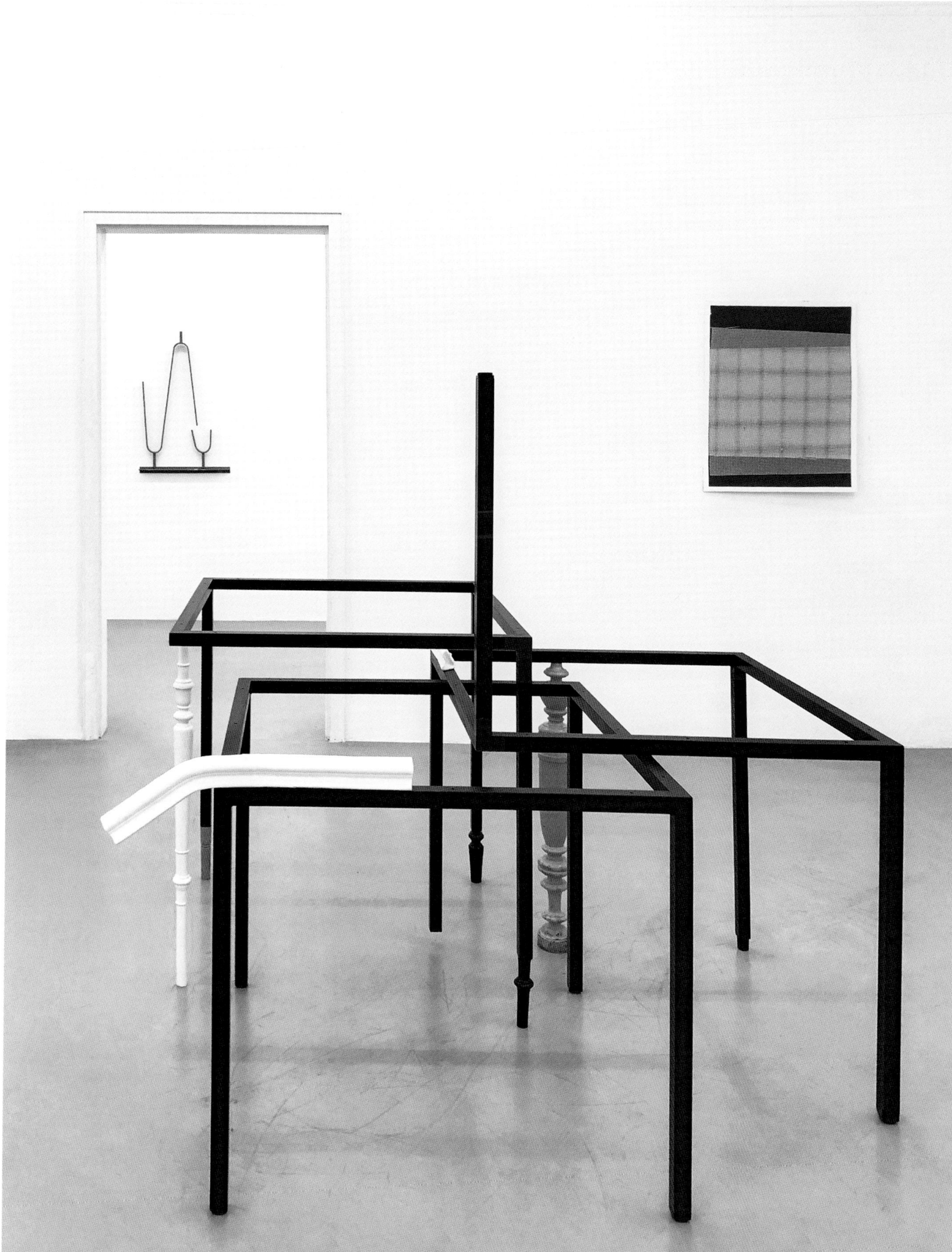

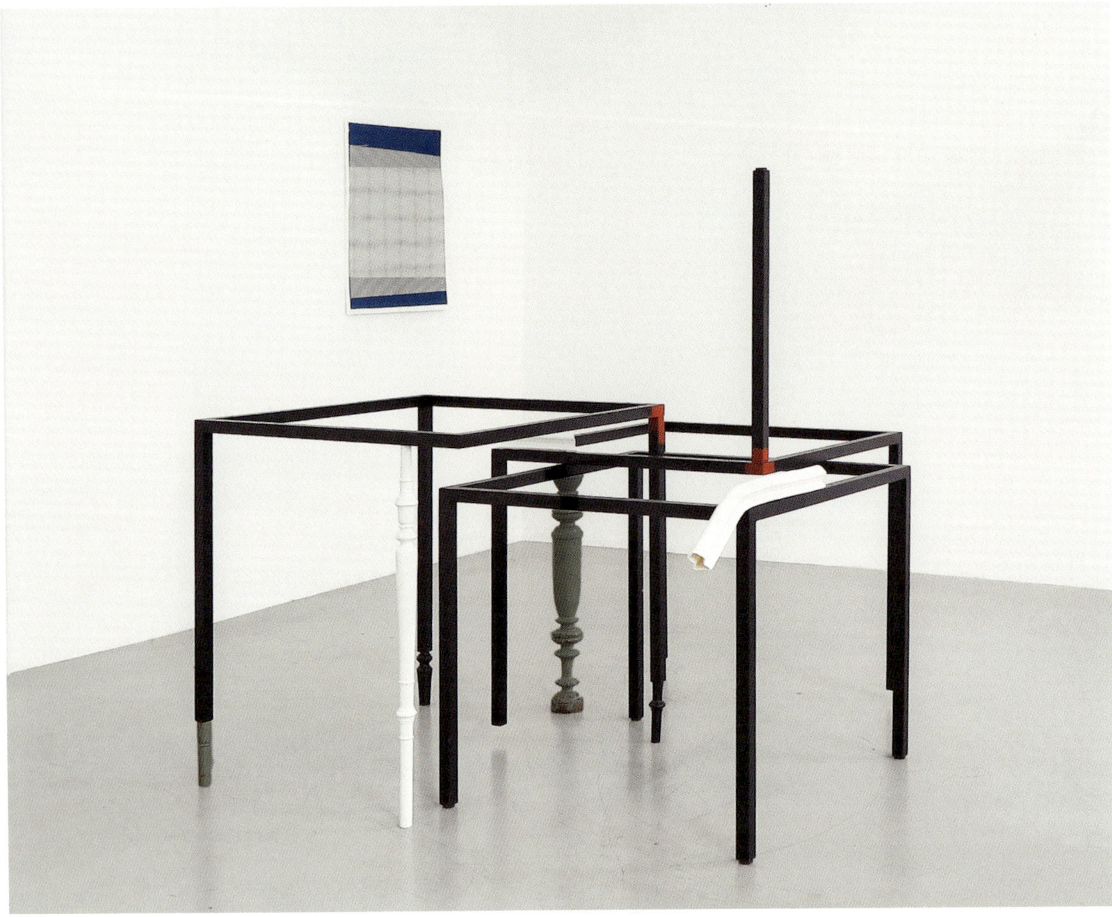

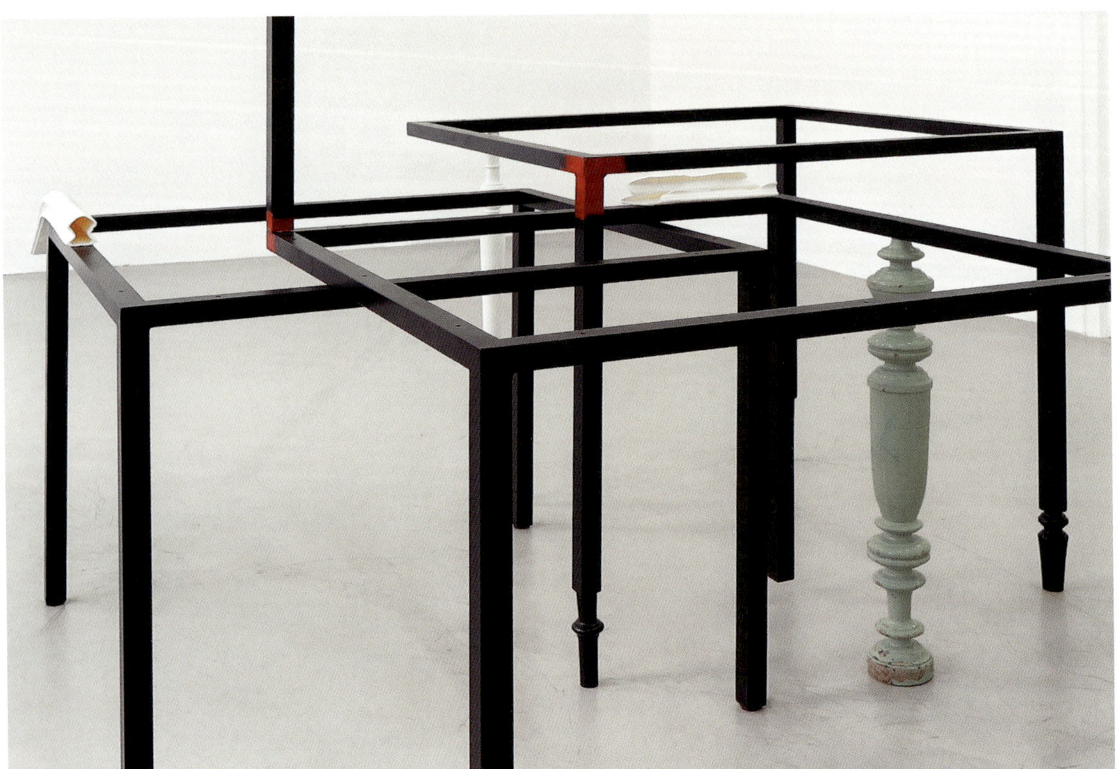

DIÄMONDS
2023
STAHL, LACK

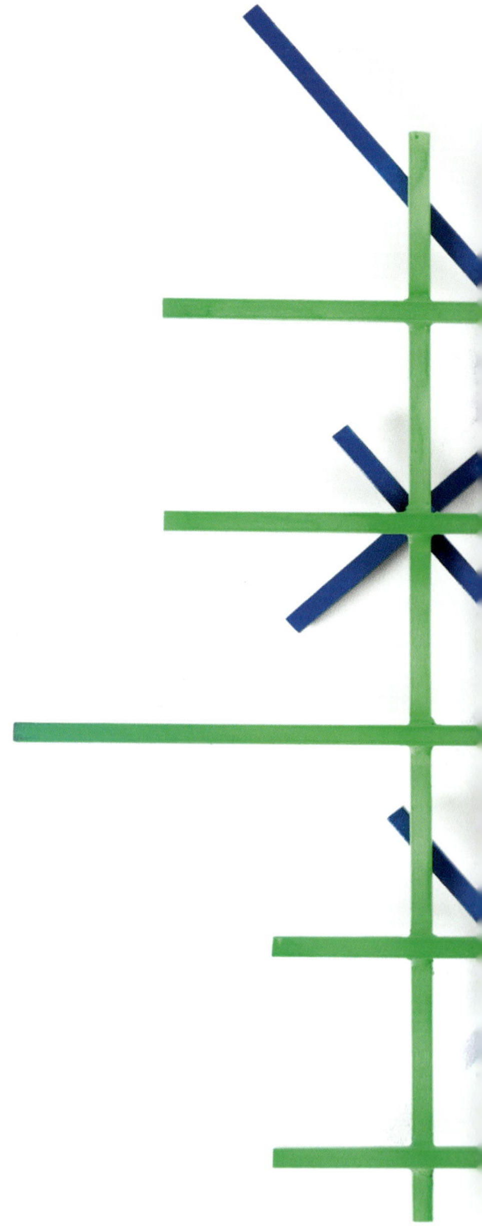

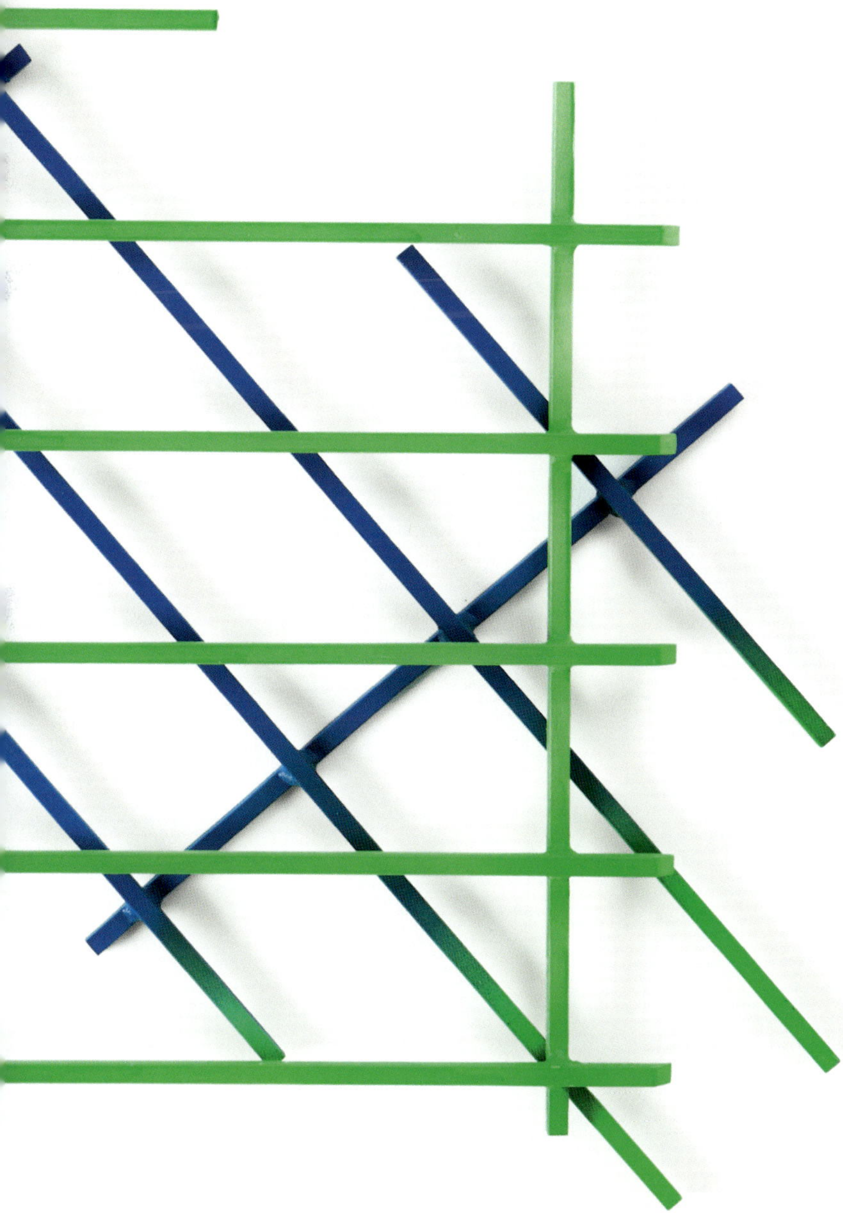

NÄUGHTS AND CROSSES

2022

STAHL, MARMOR

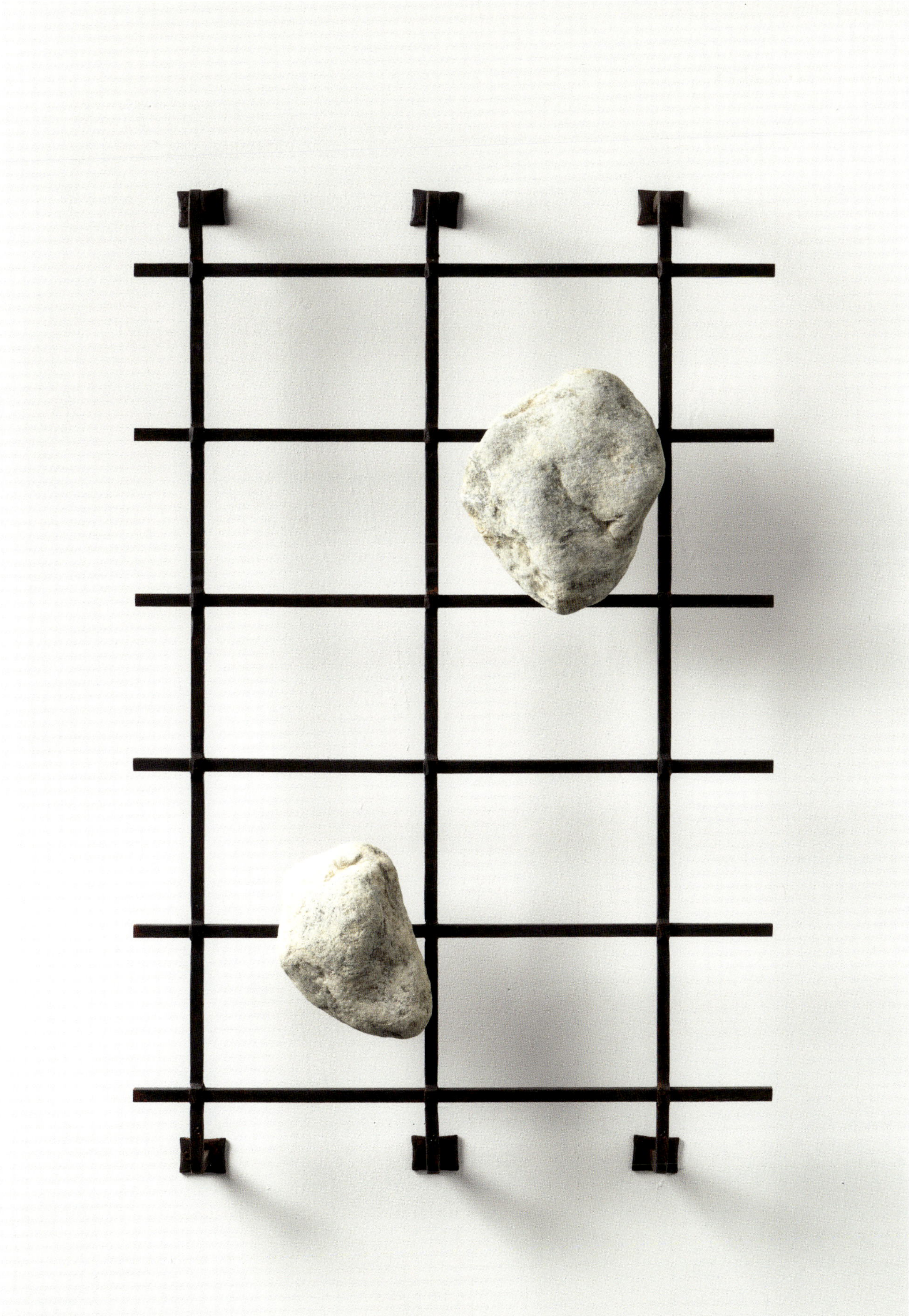

IMPRESSUM
VANESSA HENN — SAME SAME

Herausgegeben von: SIMONE SCHIMPF, DIREKTORIN NEUES MUSEUM — STAATLICHES MUSEUM FÜR KUNST UND DESIGN NÜRNBERG
Konzeption: VANESSA HENN
Gestaltung: STUDIO JUNG, GILBERT SCHNEIDER
Text: RALF CHRISTOFORI
Übersetzung: SEDA MIMAROĞLU
Lektorat englisch: CATRIONA SHAW
Fotografie: VANESSA HENN außer: DJANGO VAN ARDENNE S. 59, HUBERT KLOTZECK S. 9, 103, 104, 105, KERSTIN MÜLLER S. 3, 4, 26, 28, 29, 35, 36, 45, 48, 49, 66, 67, 100, 101, 108, 109, 110, 111, 116, 117 (unten), 119, 129, 131, OLAF NAGEL S. 82, MICHAEL SCHÄFER S. 15, MICHAEL WITTE S. 16, 17, 76, 77, 79
Bildbearbeitung: JOSEPHINE TISCHER

Die DEUTSCHE NATIONALBIBLIOTHEK verzeichnet diese Publikation in der DEUTSCHEN NATIONALBIBLIOGRAFIE; detaillierte bibliografische Daten sind im Internet über http://dnb.dnb.de abrufbar.

Gesamtherstellung: GRASPO, ZLÍN
ISBN: 978-3-96912-174-0
PRINTED IN THE CZECH REPUBLIC

Mit großzügiger Unterstützung von: BARTHA CONTEMPORARY, LONDON; COPRO BETEILIGUNGS GMBH, BERLIN; CHRISTIANE MIDDEKE, BERLIN; GALERIE HUBERT SCHWARZ, GREIFSWALD; STIFTUNG KONZEPTUELLE KUNST, SOEST; STIFTUNG KULTURWERK, BONN; GALERIE MICHAEL STURM, STUTTGART; GALERIE STURM & SCHOBER, WIEN; RAHMENSALON, BERLIN
Herzlicher Dank an: FRANK AHLGRIMM, CENTRO INTERNAZIONALE DI SCULTURA PECCIA, RALF CHRISTOFORI, KAREN FRITSCH, FRANZISKA GOES, STEF HEIDHUES, ANTJE KIMMICH, MARC KIMMICH, ANGELA MATYSSEK, STEFAN RÖMER, MICHAEL SCHULTZE, ANDREA SELENT-HASEGAWA, HEIDI SILL UND CHRISTA-MARIA HENN

Bild Kunst KULTURWERK

Vertrieb und Marketing: DCV, sales@dcv-books.com
Erschienen bei www.dcv-books.com

DCV COPRO Stiftung Konzeptuelle KUNST